狄膺日記

1950

下冊

The Diaries of Ti Ying（Diffoutine Yin）

1950

- Section II -

狄　膺　原著

王文隆　主編

民國日記｜總序

呂芳上
民國歷史文化學社社長

　　人是歷史的主體，人性是歷史的內涵。「人事有代謝，往來成古今」（孟浩然），瞭解活生生的「人」，才較能掌握歷史的真相；愈是貼近「人性」的思考，才愈能體會歷史的本質。近代歷史的特色之一是資料閎富而駁雜，由當事人主導、製作而形成的資料，以自傳、回憶錄、口述訪問、函札及日記最為重要，其中日記的完成最即時，描述較能顯現內在的幽微，最受史家重視。

　　日記本是個人記述每天所見聞、所感思、所作為有選擇的紀錄，雖不必能反映史事整體或各個部分的所有細節，但可以掌握史實發展的一定脈絡。尤其個人日記一方面透露個人單獨親歷之事，補足歷史原貌的闕漏；一方面個人隨時勢變化呈現出不同的心路歷程，對同一史事發為不同的看法和感受，往往會豐富了歷史內容。

　　中國從宋代以後，開始有更多的讀書人有寫日記的習慣，到近代更是蔚然成風，於是利用日記史料作歷史

研究成了近代史學的一大特色。本來不同的史料，各有不同的性質，日記記述形式不一，有的像流水帳，有的生動引人。日記的共同主要特質是自我（self）與私密（privacy），史家是史事的「局外人」，不只注意史實的追尋，更有興趣瞭解歷史如何被體驗和講述，這時對「局內人」所思、所行的掌握和體會，日記便成了十分關鍵的材料。傾聽歷史的聲音，重要的是能聽到「原音」，而非「變音」，日記應屬原音，故價值高。1970 年代，在後現代理論影響下，檢驗史料的潛在偏見，成為時尚。論者以為即使親筆日記、函札，亦不必全屬真實。實者，日記記錄可能有偏差，一來自時代政治與社會的制約和氛圍，有清一代文網太密，使讀書人有口難言，或心中自我約束太過。顏李學派李塨死前日記每月後書寫「小心翼翼，俱以終始」八字，心所謂為危，這樣的日記記錄，難暢所欲言，可以想見。二來自人性的弱點，除了「記主」可能自我「美化拔高」之外，主觀、偏私、急功好利、現實等，有意無心的記述或失實、或迴避，例如「胡適日記」於關鍵時刻，不無避實就虛，語焉不詳之處；「閻錫山日記」滿口禮義道德，使用價值略幾近於零，難免令人失望。三來自旁人過度用心的整理、剪裁、甚至「消音」，如「陳誠日記」、「胡宗南日記」，均不免有斧鑿痕跡，不論立意多麼良善，都會是史學研究上難以彌補的損失。史料之於歷史研究，一如「盡信書不如無書」的話語，對證、勘比是個基本功。或謂使用材料多方查證，有如老吏斷獄、法官斷案，取證求其多，追根究柢求其細，庶幾還

原案貌，以證據下法理註腳，盡力讓歷史真相水落可石出。是故不同史料對同一史事，記述會有異同，同者互證，異者互勘，於是能逼近史實。而勘比、互證之中，以日記比證日記，或以他人日記，證人物所思所行，亦不失為一良法。

從日記的內容、特質看，研究日記的學者鄒振環，曾將日記概分為記事備忘、工作、學術考據、宗教人生、游歷探險、使行、志感抒情、文藝、戰難、科學、家庭婦女、學生、囚亡、外人在華日記等十四種。事實上，多半的日記是複合型的，柳貽徵說：「國史有日歷，私家有日記，一也。日歷詳一國之事，舉其大而略其細；日記則洪纖必包，無定格，而一身、一家、一地、一國之真史具焉，讀之視日歷有味，且有補於史學。」近代人物如胡適、吳宓、顧頡剛的大部頭日記，大約可被歸為「學人日記」，余英時翻讀《顧頡剛日記》後說，藉日記以窺測顧的內心世界，發現其事業心竟在求知慾上，1930 年代後，顧更接近的是流轉於學、政、商三界的「社會活動家」，在謹厚恂恂君子後邊，還擁有激盪以至浪漫的情感世界。於是活生生多面向的人，因此呈現出來，日記的作用可見。

晚清民國，相對於昔時，是日記留存、出版較多的時期，這可能與識字率提升、媒體、出版事業發達相關。過去日記的面世，撰著人多半是時代舞台上的要角，他們的言行、舉動，動見觀瞻，當然不容小覷。但，相對的芸芸眾生，識字或不識字的「小人物」們，在正史中往往是無名英雄，甚至於是「失蹤者」，他們

如何參與近代國家的構建，如何共同締造新社會，不應該被埋沒、被忽略。近代中國中西交會、內外戰事頻仍，傳統走向現代，社會矛盾叢生，如何豐富歷史內涵，需要傾聽社會各階層的「原聲」來補足，更寬闊的歷史視野，需要眾人的紀錄來拓展。開放檔案，公布公家、私人資料，這是近代史學界的迫切期待，也是「民國歷史文化學社」大力倡議出版日記叢書的緣由。

狄膺日記導言

王文隆
南開大學歷史學院副教授

一、狄膺生平

狄膺（1896-1964），江蘇省太倉縣璜涇鎮人，為溧陽（舊稱平陵）胥渚狄氏之衍族，原名福鼎，字君武，自號邃思齋主、平常老人，1896 年 1 月 3 日（光緒 21 年 11 月 19 日）生於璜涇鎮，為長子，上有一姐穎芬，下有福震、福晉、福豫三弟，育有原滄（字公望）、原溟（字寧馨）二子。[1] 曾祖父狄勳為生員，嗣祖父狄本仁為國學生，生祖父狄景仁業儒，太平天國之亂後改執棉布業，父親狄為璋曾舉太倉州學秀才第一，上海龍門師範學堂文科卒業，時為私塾老師，後任小學教員及校長，母親陸藏貞。先生五歲認字，1906 年（光緒 32 年）改入高等小學，1908 年（光緒 34 年）冬考入龍門師範學堂，在學五年期間，經歷了辛亥革命，該校改名為江蘇省立第二師範學校，1914 年畢業後，至崑山縣第二高小任教達一年半。[2]

---

[1] 狄膺，〈十載追思〉，狄君武先生遺稿整編小組編，《狄君武先生遺稿》（臺北：中國國民黨黨史史料編纂委員會，1965），頁 10；平陵狄氏宗譜續家譜編修工作組，《平陵狄氏宗譜》（北京：家屬自印，2018），頁 19。

[2] 狄膺，〈狄膺自傳〉，狄君武先生遺稿整編小組編，《狄君武先生

　　1916 年，先生以國學特別優長，考入北京大學哲學系，名列第八。羅家倫回憶道：

　狄君武先生與我相識遠在 1917 年北京大學西齋 4 號房間。這號房間裡共住 4 人，為傅孟真、顧頡剛、周烈亞、狄君武。我因為同孟真、頡剛都對文學革命運動有很大的興趣，故常到 4 號商討編撰和出版《新潮》問題。君武此時雖在哲學系，卻愛好「選學」，常常填詞作曲以就正於黃季剛、吳瞿安兩先生。烈亞則治佛學，後來做西湖某大叢林的住持。「道並行而不相悖」，正是當時的氣氛。[3]

　　1919 年，五四運動爆發，許多知識青年紛紛走上街頭抗爭，也有許多學生被捕入獄。羅家倫也回憶與狄膺參與的一段：

　到了「五四」運動發生的時候，波濤洶湧，君武見外患日迫，軍閥專橫，於是一變其文人積習，而投身於此一運動。如營救五四到六三間陸續被捕之同學一幕，他和我在晚間帶了些食品和內衣等到警察廳內的看守所去「探監」。一進廳門，衛兵均以刺刀相向。我要和他一道進去，他力阻我同去。他說：「他們認得你，不認得我。」又說：「你會同他們爭執，讓我單獨去罷！」我

　遺稿》，頁 2-3。

3　羅家倫，〈前言〉，狄君武先生遺稿整編小組編，《狄君武先生遺稿》，頁 1。

不肯，終於同進去。他以和善口吻，說太倉人學講的北
京話，對方看他是一個十足的文弱書生，態度也就和緩
下來了。這是他在「秀才遇到兵」的場合中，能應變的
一幕。以後幾次類似的交涉，同學們都推他去辦。[4]

　　可見狄膺在學潮中之處事應對得當，分寸拿捏得宜。
　　1919 年夏天畢業後，狄膺回到江蘇省立第二師範
母校任教，次年 1 月與任教於小學的顧瑛（字綴英）結
婚。1921 年 7 月，狄膺響應吳稚暉的號召，參加勤工
儉學行列，赴法就學於中法大學研究院為特別生，並於
留法期間加入中國國民黨。1925 年冬因父親重病，自
法歸國甫一個月，父親便過世。1926 年夏赴廣州，供
職於國民黨中央政治會議祕書處，和葉楚傖共事，自
此參與黨政工作。1927 年，南京國民政府建立後，歷
任國民黨南京市黨部宣傳部部長、國民黨江蘇省黨部
指導委員。1931 年 10 月起任立法委員，後於 1933 年
與 1935 年連任。黨務工作方面，1935 年，他當選為國
民黨第五屆候補中央監察委員。1938 年，任國防最高
委員會第三處處長。1942 年 12 月，任國民黨中央執行
委員會副祕書長。[5] 1945 年，任國民黨第六屆中央執行
委員、中央監察委員會祕書長。抗戰勝利後，當選為制
憲國民大會代表。1947 年，任中央政治委員會委員。
1948 年，在戶籍地以三十萬票高票當選為第一屆立法

4　羅家倫，〈前言〉，頁 1。
5　狄膺，〈狄膺自傳〉，頁 3-4。

委員。1949 年，國共內戰局勢丕變，自成都經海口遷
至臺灣，妻子滯留南京，原滄、原溟兩兒滯留北平，分
別就讀北大與清華，狄膺孤身一人赴臺，血親僅二房姪
長女狄原湛和其夫婿施文耀來臺。1950 年，任國民黨
中央改造委員會紀律委員會副主任委員。1952 年，改
任黨史史料編纂委員會副主任委員，為主委羅家倫之副
手，並為國民黨中央第七至九屆中央評議委員。黨史史
料編纂委員會副主任委員一職可謂閒缺，加以立法委員
之收入，生活大抵無虞，然因家人皆不在身邊，家無
定居，食無定所。[6] 或因他在臺孤身一人，經常出外遊
覽，對於同鄉活動參與頗多，對後進照顧亦深。1955
年 6 月中，因糖尿病引發眼底視網膜血管破裂，左眼失
明，目力漸衰，以單一目視，書寫行斜字歪。[7] 狄膺入
臺北廣州街中心診所診治，後送至聯勤醫院，醫師吳靜
稱他有六病，一齒、二腰、三糖尿、四慢性膽囊炎、五
眼翳障、六機能性腦血管痙攣，身體狀況惡劣，這使得
他在 1955 年 4 月至 6 月及 1955 年 7 月至 9 月兩冊日
記的封面，特別寫上了「病」字。[8] 身體漸弱後，他鮮
少應允外界題字的請託，然于右任於 1958 年在臺北復
辦粥會，該會以「閒話家常，笑談古今」為宗旨，洽合

---

6 〈狄膺先生事略〉，國史館編，《國史館現藏民國人物傳記史料
　　彙編》，第 11 輯（臺北：國史館，1994），頁 137-138。

7 狄膺，〈除夕歲前短語〉，狄君武先生遺稿整編小組編，《狄君武
　　先生遺稿》，頁 84；狄膺，〈學書自敘〉，狄君武先生遺稿整編
　　小組編，《狄君武先生遺稿》，頁 87。

8 狄膺，《邁思齋日記》，1955 年 6 月 29 日，《狄膺檔案》，中國
　　國民黨黨史館藏，檔號：膺 1317.25。

先生寓於詩文的雅緻，故積極參與，並於次年粥會欲置辦會所時，勉力提筆，鬻字贊助，協助集資。[9]

先生晚年困於糖尿病，身體欠佳，不僅視力受損，且患有慢性腹瀉，1962 年清明節前遊歷新竹，返家發現右肢麻木，口不能言，驚覺中風，送榮民總醫院緊急救治，而後時臥病榻，至 1964 年 3 月 15 日因感染肺炎辭世，享年七十歲。[10] 狄膺過世後，因無家人在臺，全由國民黨中央協助照料後事並舉辦公祭，出席者二千餘人，同年 6 月 28 日，葬於新竹市青草湖畔靈隱寺旁自擇墓地。限於兩岸政治分隔，狄膺墓地由姪女一家維護，狄膺直系子孫直到兩岸和緩後，才獲准赴臺祭掃。

二、《狄膺日記》的來由

狄膺生前最終黨職為黨史會副主委，因他的直系親屬都滯留大陸，其後事全由黨部同仁操辦，在兩岸敵對的大環境下，狄膺身後遺留的財產與負債僅能由中央黨部代為處理。為此，黨部特別組織狄膺先生遺物委員會，由時任交通部政務次長的張壽賢為主席，除邀請黨部相關單位派員參與之外，亦邀請姪女婿施文耀為家屬代表出席。委員會決定狄膺遺產中，收支紬餘扣除應納稅款以及親友積欠後贍下近二萬二千元新臺幣移作治喪費用，豁免狄膺積欠黨部與黨史會的近五萬元，協助出售金華街房產之剩餘部分填入治喪款中，鋼筆、輓聯及

---

9 〈重建粥會聚會所　狄膺鬻字籌款〉，《中央日報》，1959 年 9 月27 日，第五版。

10 杜負翁，〈悼狄膺〉，《中央日報》，1964 年 3 月 19 日，第六版。

私人用具交施文耀收存，另密函狄夫人報喪，並收得狄
夫人回函。[11] 中央公教人員保險金的出險部分，匯存香
港上海銀行，以狄夫人名義存入，曾成功匯撥一筆三百
港幣進入大陸。或因大陸當時政治氣氛影響，後狄夫人
來信關切出售房產之剩餘，並告以暫緩匯款。[12] 依照委
員會決議，實體文物由黨史會史庫收存，納為館藏，包
括狄膺之日記、家譜、賬本、金石、相簿、文件、圖書
等。在狄膺先生遺物委員會的紀錄中，雖稱接獲狄夫人
來函，但文件中未見存檔，然從狄夫人曉得狄膺之房產
處置以及保險金收取等事推斷，委員會之決議狄夫人理
應知情，而委員會中亦有姪女婿代表家屬發言，對於委
員會的決定也應知曉。大陸歷經多次政治運動與文化大
革命的動盪，狄家因狄膺為國民黨高級幹部，也多受牽
連。狄夫人於 1978 年辭世。狄原滄、原溟二子，自從
兩岸開放之後，才得赴臺祭掃，並多次去函國民黨表達
取回狄氏家譜，以及部分私人物品、照片、金石的願
望，然皆未果。

　　筆者自 2012 年 10 月接任中國國民黨文傳會黨史館
主任，在史料庫房搬遷完竣之後，恢復資料開放，也將
《狄膺日記》列上開放時程。狄家後人於 2015 年 5 月，

---

11 「狄君武先生遺物處理委員會第一次會議」（1964 年 4 月 21 日），
　　《狄膺檔案》，中國國民黨黨史館藏，檔號：膺 685-2；「狄君武
　　先生遺物處理委員會第五次會議」（1964 年 9 月 11 日），《狄
　　膺檔案》，中國國民黨黨史館藏，檔號：膺 685-6。

12 「狄君武先生遺物處理委員會第四次會議」（1964 年 9 月 11 日），
　　《狄膺檔案》，中國國民黨黨史館藏，檔號：膺 685-5；「狄君武
　　先生遺物處理委員會第五次會議」（1964 年 11 月 14 日），《狄
　　膺檔案》，中國國民黨黨史館藏，檔號：膺 685-6。

一方面透過狄原淏之女狄蘭來函，一方面透過姪女狄源湛之子施銘成、施銘賢親訪，再度表達希望黨部歸還家譜的願望，經轉陳文傳會主委林奕華，再續報祕書長李四川同意後，於該年 6 月 2 日將家譜、戶口名簿、病歷、部分私人照片及印鑑等奉還家屬代表狄蘭查收。黨史館復藉此機會取得家屬同意，在館內開放《狄膺日記》及其賬本。因為此番結緣，2020 年時也獲得家屬同意與授權，藉由民國文化學社協助，將《狄膺日記》鍵錄出版，俾利學界研究利用，深謝家屬慨允與學社的支持，歷經三年時間的整理，共得百萬餘字的日記，分批出版。

三、《狄膺日記》的價值

狄膺向有做紀錄的習慣，主要有兩類，一是賬本，一是日記。前者始自 1933 年，終於 1962 年 3 月的《不宜悉記，不可不記》，共十二冊。狄膺記賬始於上龍門師範學堂一年級時，當時一個月僅得十元，必須記賬撙節，而自記賬本取名有其思路，他說「不宜悉記者，記賬時偶忘之，不苦加思索，施不則償，不必誌其姓氏；不可不記者，人之厚我，我所欠人，何可一日忘之者是也。」[13] 雖說是不宜悉記，但賬本內容鉅細靡遺，舉凡各項收入、日常飯食、往來交際、生活採買、車船交通、納款繳費，只要是錢款往來，幾乎無一不錄，由

---

13 狄膺，〈（七）〉（1944 年 9 月 1 日），狄君武先生遺稿整編小組編，
　　《狄君武先生遺稿》，頁 42。

是透過他的賬本，不僅能呈現出一部穿越抗戰、內戰及至遷臺的社會史，也能是觀察貨幣與通澎的經濟史。後者為始自 1950 年 1 月，終於 1960 年 12 月的《邃思齋日記》，共四十七冊，主要集中在遷臺之後的記述。狄膺寫日記，開始得很早，從他八歲開始便就有不全的日記，十四歲起陸續成冊，自題為《雁月樓日記》。結婚之後，仍有撰寫日記的習慣，但因將同太太爭執的細節也寫進日記，惹得太太不高興抗議，才不再寫。留法期間曾做記事，返國後因任職中央政治會議祕書，擔心一不小心洩漏機密，暫停日記，直到遷移來臺之後，才復記日記。[14] 日記的內容一如賬簿一般瑣碎，除了流水賬式的記事之外，也將友人的聯繫方式、往來信函、時事感言、故事雜記、奇聞軼事散記其中，甚至連吃飯的桌次、菜譜都不漏。一日之記事最多能達數頁，舉凡天氣、路況、心情、談話與路徑都能寫入，間或夾雜 1950 年之前的追記與回憶，可說無所不包。

對於書寫來說，瑣碎是一項缺點，但對於史料價值而言，瑣碎有時反而留存了更多資訊。或因狄膺在臺灣大多時間自甘平淡，對於官場、權勢、財富都沒有強烈慾望，家人多不在身邊也少了些許煩惱，有了大把時間可以記事，將走訪各地的見聞，與朋友、同鄉、粥會的往來，化為文字，搭配上羅家倫為其編輯出版的《狄君武先生遺稿》很能作為政府遷臺初期日常生活史、社會

---

14 狄膺，〈邃思齋日記序〉，狄君武先生遺稿整編小組編，《狄君武先生遺稿》，頁 88。

經濟史、飲食文化史的素材，對於了解外省族群來臺後的情況也能有所管窺。於目前史學界流行的戰後離散史之研究提供絕佳資料。只可惜狄膺來臺之前的日記與圖書，因戰亂關係，已經全數佚失，現僅存來臺之後的部分，之前的相關內容完全闕如，不無遺憾。

四、結語

　　狄膺自號「平常老人」，寓意為「一個普通的年邁者」，然而這個孤身來台的普通人，雖能藉著參與北大校友會、蘇松太同鄉聯誼會，以及台北粥會的機會，與友朋交遊，到各處就餐，或是前往姪女處走動，但總還是常念及滯留大陸的妻小，有時還會悲從中來。1951年1月2日元旦假期期間，自記：「今晨在動物園見母猴偎乳其獨，為之捉蚤，親愛之極，無可比方。頓念先慈恩愛，又惜二兒長違，心痛淚流，難以解釋。」[15] 這份「難以解釋」，除了對家鄉和孩子的思念之外，也是深知兩兒滯留大陸且與自己立場不同，終是難以再見的悲苦，只能暗自淚眼婆娑，不足為外人道也。相似的心緒，偶而也會在他心中浮起，他左眼失明後的第一個除夕夜裡，自記道：「余過除夕，不能不憶家鄉，又不能不憶已過之穎姊、祝妹、受祥，遠離之公望、寧馨。余孑然一身，中心起伏萬狀，遇節更悲，非他人所可體會也。」[16] 這位普通老人的心情，在大時代洪流的衝撞

15 狄膺，《邃思齋日記》，1951年1月2日，《狄膺檔案》，中國國民黨黨史館藏，檔號：膺1317.3。

16 狄膺，《邃思齋日記》，1956年2月11日，《狄膺檔案》，中國

下，也有他難以言喻的一面。

　　史料為公器，資料公開能使過去撥雲見日。黨史館所藏《狄膺日記》在家屬的支持下，不刪改任何一字，不遮掩任何一段，全部判讀後鍵錄出版，是一份新史料的公布，也是一份新素材的揭露，吾人能透過狄膺手書的紀錄，回過頭去看看 1950 年代臺灣社會的種種，無論是採取個人史的微觀，或是將狄膺所記作為取材的一項，都頗具價值。

國民黨黨史館藏，檔號：膺 1317.28。

民國史百寶箱：
《狄膺日記》與我

劉維開
國立政治大學歷史學系退休教授

　　民國歷史文化學社要出版前中國國民黨黨史史料編纂委員會副主任委員狄膺遺存的日記，編輯們由日記中知道狄膺生前與先父劉象山多有往來，要我對日記的出版寫一些話。

　　狄膺過世的時候，我年紀還小，不確定在他生前有沒有見過，但是在他過世後，印象中有一年，先父母帶著我和妹妹專程到新竹青草湖拜謁狄膺墓，父親在墓前說「給狄公公行禮」，帶領我們恭敬的行三鞠躬禮。狄膺過世後，他的資料保存在黨史會，我到黨史會工作後，偶有機會與管理史料的阮繼光先生談話，他不止一次的對我說：「狄膺檔案中有不少你父親的資料」，但是我當時沒有想到要看這些資料，現在感到有些後悔。當時如果調出日記查閱，對於日記中提到的一些人事，可以詢問先父母，現在則沒有辦法。

　　先父早年從事黨務工作，與狄膺應該有一些見面的場合，但是據先父自述，兩人交往是在 1945 年中國國民黨舉行第六次全國代表大會。當時狄膺是中央黨部副

祕書長，先父是黨部專門委員，調派到狄膺的辦公室工作，擔任大會祕書。兩人均喜好詩文，且有共同熟識的友人，來往逐漸密切。先父留存一本大陸時期的詩稿，其中有多首與狄膺有關的詩作，時間大概在 1945 年左右。此後兩人時有詩作酬和，狄膺有時不欲將父親詩作再錄於日記上，要他直接書寫於日記上，我在日記中見到兩處父親的筆跡。

先父於 1949 年離開北平後，一路輾轉到臺灣，再到香港，爾後接受狄膺建議，至海南島任職，之後再到臺灣。這段經過，《狄膺日記》中記事和先父的回憶大致相同，看到 4 月 4 日記有「下午覆劉象山、陳幹興、孔鑄禹書」，孔鑄禹、陳幹興（本）是先父在海南任職時結識的好友。孔鑄禹伯伯幾乎每年會來臺灣參加十月慶典活動，他的兩個孩子在臺灣接受大學教育，常到家裡，和我們的關係如同家人；陳幹興則是每隔一段時間會和父親通信，我印象最深的是他寄來的一件孫中山手書「燕歌行」影本，父親特地將它裝框掛在牆上。孔、陳兩位應該是狄膺居留廣州期間，往來香港、海南時所結識，他曾經介紹孔鑄禹為海口中央日報黨股代表人，與陳幹興（本）則是時有詩作往來。

狄膺在中國國民黨六全大會後改任中央監察委員會祕書長，行憲後當選第一屆立法委員，這兩個職務使他在 1949 年大多數的時間跟著中央黨部與立法院移動。2 月初，中央黨部與行政院相繼遷廣州辦公，大部分的立法委員也都到了廣州。狄膺於 1 月底從南京到上海，2 月 5 日搭乘海平輪，於 9 日抵達廣州；10 月 12 日，

由廣州搭機隨中央黨部及政府遷重慶辦公；11 月 29 日
因重慶情勢危急，飛抵成都；12 月 5 日，成都危急，
搭機至海口，30 日自海口飛新竹，31 日抵臺北，暫住
其姪女原湛與姪女婿施文耀寓所，後得臺灣鐵路管理局
（簡稱「鐵路局」）局長莫衡（葵卿）同意，居住在
臺北市西寧北路 6 號鐵路招待所相當一段時間。對於這
段經歷，他在《不宜悉記不可不記》賬冊中，有詳細的
記錄。

　　狄膺來臺初期，需要處理中央監察委員會事務，同
時出席立法院相關會議，事務較為繁忙；中國國民黨改
造後，中央監察委員會結束，改任紀律委員會副主任委
員，除了參加黨內總理紀念週等活動外，主要是出席
立法院相關會議。閒瑕時間則是探親訪友、定期參加崑
曲聚會，以及和友人打麻將。他常在早年曾服務於交通
界的錢探斗，以及當時任鐵路局材料處處長王世勘（為
俊）兩人的家中打麻將，輸贏都記在《不宜悉記不可不
記》賬冊中。

　　王、錢兩位都是我的長輩，王世勘與日記中所記郁
佩芳是夫妻，亦是先母的寄爹、寄媽，我稱他們為外
公、外婆；錢探斗是先母乾媽錢馨斯的兄弟，張藕兮是
他的妻子，我稱他們為錢公公、錢婆婆。王、錢兩家住
的很近，王世勘家在長安東路二段、中山女高對面；錢
探斗家在建國北路一段三十三巷；長安東路和建國北路
成垂直狀，印象中兩家的房子就是背靠背。王世勘的籍
貫是福建林森，但是出生在蘇州，實際上是蘇州人；錢
探斗是太倉人，和狄膺是同鄉。在日記中還有一位在王

世勛家打牌的友人陳敏，我稱她為陳婆婆，在行政院新
聞局工作，和先母的關係很好，隔一段時間會到家裡找
先母聊天。在 1954 年 2 月的日記中，有一段記道：
「張毓貞、丁淑貞、侯佩尹、顏叔養均來，同張、侯到
梅龍鎮吃包子。」當日的賬本上有：「付張毓貞同食點
二十元。」張毓貞即是先母，我之前以為先母認識狄
膺，是因為先父的關係，但是這個時候先父母還沒有結
婚，看到日記這些記事，或許與王、錢兩家有關。

　　狄膺的交遊廣闊，友人甚多，加上博聞強記，日記
中除了每天的活動記事外，還包括許多所聽聞的歷史掌
故、人物軼事，如鈕永建自述參加革命經過、吳鐵城自
述訪日與麥克阿瑟談話要點、張知本談政學會與政學
系、周佩箴談浙江革命黨事等等，每一段都是民國史上
重要的資料。張靜江病逝後，狄膺將所聽聞張氏生平軼
事、易簀前情形以及張氏譜系等通通記在日記上，可以
說是張靜江重要傳記資料。對於自己所經歷事，如中國
國民黨中央改造委員會成立後，中央監察委員會辦理結
束，他身為祕書長負責移交，在日記中將移交的過程，
特別是款項的交接，記錄得十分詳細。又如他早年曾響
應吳稚暉勤工儉學號召，赴法國留學，因此尊敬吳稚暉
為師，不時前往探望，日記中記錄了吳氏的晚年身影，
其中也包括蔣中正與蔣經國對吳稚暉的照顧。除此之
外，狄膺定期參加徐炎之、張善薌夫妻召集的崑曲聚
會，日記中有不少聚會時的記事，包括參加者以及表演
的內容等，可以說是崑曲在臺灣發展的重要資料。

　　狄膺逝世後，黨史會將他的詩文彙集成《狄君武先

生遺稿》，並將其《不宜悉記不可不記》賬冊中歲首年
尾之感懷記事，摘錄收錄其中，內容亦頗為可觀，且因
其始於 1938 年，可以與日記相互參看，補充其家世及
早年記事之不足。整體而言，《狄膺日記》內容相當豐
富，有時會覺得瑣碎，但是仔細閱讀，可以發現其中有
不少值得參考的資料，視之為民國史資料的百寶箱，當
亦不為過。

編輯說明

一、本書收錄狄膺 1950 年之日記，共分上下兩冊，上
　　冊錄該年 1 月 1 日至 6 月 30 日止，下冊錄 7 月 1 日
　　至 12 月 31 日止。

二、古字、罕用字、簡字、通同字，在不影響文意下，
　　改以現行字標示。

三、日記中原留空白處，以□表示，難以辨識字體或
　　破損處，以■表示，編註以【 】標示。

四、作者於書寫時，人名、地名等時用同音異字、近
　　音字，落筆敘事，更可能有魯魚亥豕之失，為存其
　　真，恕不一一標註、修改。

目錄

下冊

1950 年

1950 年

7月1日　晴，下午四時雨，入夜復晴

　　晨黎明即醒，望草地上祇是電燈光明，而樹際已有陽光之白，鄰雞四唱，而隔床頗有鼾聲，乃重複就枕，得一小瓲。八時至中山堂理髮，擬向出納處領款，而款須下午始發，乃同毛飛、郭登敖食點，均慮俄人不應戰，台灣師老，大陸不易反攻。九時至中央黨部晤白上之，十一時至孫秀武寓，十二時李向采來同飯，以滷肉為美味。飯後歸臥，起身後復到立法院，不遇唐小姐，仍不得款，同俞松筠在中信局樓下譚話。四時坐中信局交通車冒雨赴碧潭，自三張犂處轉沿山之路，係林蔭道，而路面積水窪成凼，凹陷處極多，車身跳躍，雨點橫飛，約四十分鐘而至碧橋，一弔橋懸兩岸石壁，上塊一山四峰，外兩峰較秀，下塊孫科有題名，有砌道約數十級。上山亭，自此往左臨水皆石壁，橋右有山東人所開小館，時天雨甚，諸人坐第一家，售冷飲，秀武等玩牌，余與雷儆寰女及婿飲台灣啤酒。余張洋傘沿路一行，有一土山頭竹樹蔭蔽一屋，其下有路可通空軍公墓，路既積水，又無行伴，乃返小店。問鄰人有鍋貼否，只售麵條。是時雨亦稍止，乃上橋眺望，頗為朗秀。雇大船二、小船三，三小船係游泳青年所據，自由游泳，未能及遠而雨點淋漓，乃引上余等之船，尚有一少年張余蓋划船。余船秀武攜滷菜，二李姊妹分食，並有啤酒兩瓶。雨稍止則放舟中流，雨大逃至橋之下壁之

有樹處，沿壁有指示水深之刻石（石壁伸出處，覺石為方塊疊成）及小煤礦名和美。對岸為山，有短瀑臨水若排帶。船至有閘處折返，惜月上須待兩小時之後，而兩岸無柳，缺少纏綿之致。至八時，天將黑，而余衣重葛覺冷，乃促歸，孫、李皆嫌未能盡興。歸途過景美鎮，又過木柵，有指南宮暮雲純作淡青，近市處有清水流溝，頗為有趣。回至北門，余歸寓，食稀飯及烤饅頭。陳志賡介紹金驥良來見，金君在台州屬打游擊，遭困厄，志仍堅決。楊一峯來訪，未遇。

7月2日　晴，下午四時後雨，入晚又晴

晨六時秦君喚余不醒，六時半起，穿衣洗面，趕赴鄭州路後站，汽油車適開出，乃購月台票，轉站前坐公共汽車。七點二十分開行到新北投，諸飲食店尚未開門，走兒童樂園，秋千架一架四具，鐵鍊堅固，滑梯一處三個，餘無設備，不足為樂園也。過此山伸出處有一亭，左上看山，右外望市景，一大樹覆亭上，野花作紅色，靜隱亭外已有一人，坐草地閱報，其意趣與余近似，不知誰何。再上，循未名閣指示牌，見溫泉池水氣蒸蔚林際。再上轉至用矮翁仲作門飾別墅，則為□□路，未名閣尚未開門。余等自新生報職員宿舍上坡，正為上星期夏君引余下山之坡道。入招待所，陽光照南廊，乃坐於後屋，微風自窗下來。飲牛乳，食粥，余浴二次。夏心客來譚，攜來生活雜誌。老蔡為余張臥具，余睡二十分鐘，至適。後即離寓，自中心路下，火車、公共汽車均無，乃以十元租一野雞車，祇允送至車站，

不允至第一劇場。余至大正町下五十三巷，入吳保容寓飯，有泡菜、煎排骨，皆湖北女傭所治，干貝炒冬菇失之過甜。飯後走惠通橋至建國北路，與陳敏、廖楠材夫婦打牌，余大負。雨時酣戰，雨後返寓，頗暢。石年丈為朱佩蘭刻印成。

7月3日　晴

秦啟文以余輸錢邀外出用點，先至中華書局旁食生煎饅頭，又勸食油煎蟹殼黃，則過於油重。又至三六九食經濟紅兩鮮，余未出。吃完至立法院，唐小姐為唐國楨之堂妹，交余前日所領款。九時聯合紀念週，總裁講聯合國做文章尚未落正題，必須嚴正指出北韓南侵，蘇俄實為主使者，使蘇俄負責，停止北韓傀儡對南韓的進攻，又云世界和平不可分割，聯合國及民主國家應改變重歐輕亞政策。總裁云中共集中於鴨綠江邊者二十萬，集中於間島者十五萬，倘南韓獲北韓俘虜，定已有中共在內，而美國人還考慮儻台灣軍隊開往韓國，將予共黨以藉口，共黨將派遣本身之中國軍隊參加北韓作戰。總裁云對付真小人要用真君子的嚴正態度，不可再與藏頭露尾，中了他隱在幕後之毒計。演說歷一時一刻乃散，余到莫局長辦公室小坐。回西寧，得綴英六月十二日、炳弟二十日書，外姑病未增重，震弟發胖，桐弟又生一子，豐哥與翰姪仍合饕學校，正建築校舍，為好消息。滬太汽車公司將關門，前日開會，股東五十萬者增資二十五萬，余一千萬要拿出五百萬，大家拿不出。唐海平表兄年七十二，生活不能維持，炳弟月津貼米一斗，

顧柱國表弟鬧無米可吃，張路展在北平，每月得小米五百斤，霞霞與桂弟為埋金失去事爭鬧，皆為壞消息。予得信後極喜，到錢家娛樂，余小負。

石年丈為羽霄商定　綺羅香碧潭雨中
蕉卷風舒，椰絲雨織，無數遠嵐含翠。
四顧空濛，迷卻人間何世。
度澄江、鐵索橋懸，倚峭壁、石欄亭峙。
向巉巖、拾級登臨，望中煙艇兩三艤。
天然圖畫秀麗，都道西泠彷彿，我聞如是。
回首湖山，裙屐勝游曾幾。
任美景、過若行雲，總綺歲、付諸流水。
且狂歌、俯仰乾坤，一樽還自理。

　　　　昨下午四時台北賓館商議中央黨部經費人事，七時邀請香港漁輪志士陳國雄等餐敘，余事前未悉，未往。

7月4日　晴

　　　　晨至黨部，以一六在戴科長處兌得港幣五百元。歸寓，託路平甫君帶往香港，交寶生銀號孟尚錦君轉上海畫三交震弟家用。平甫坐輪船往，須以兩日到港，此款匯滬約在十號後矣。震弟端節前返瓚，游歷之後又攜余寄綴英款內五十萬返瓚，瓚之人稱之為有福之人。午在錦姪處飯，初食小蛤。下午吳瑞生來坐。夜歸寓浴，浴後中央委員談話會，居先生主席。葉公超報告美代辦聲明美無意聽大陸或台灣人託管台灣謬論，並未忘開羅

會議台灣地位之諾言，更不希望大陸產生狄托，對華純為好意。停止台灣海空窺擊大陸，是怕開闢戰場不敷應付。美僅為了解蘇俄突取硬的姿態，若云對華態度突變，艾傑孫不久下台，乃是國人天真的看法。葉氏說時口枯神疲，聞今日作外交報告五次，又參加美菲國慶，夜又將宴客，做官之斲喪身體如是，良足懼焉。陳辭修繼葉報告對韓決策之經過，準備空運一軍約三萬餘人援韓，並述穩定台灣，調整公教人員待遇，文武拉近發給實物之經過。陳畢，居覺生先生任主席，逗會眾發言，無一人起立發言。蓋猜測美國態度之辭以葉報告後暫釋，對大計又難致喙，關係黨的改進今晚又有大家簽名聽憑總裁改造（其辭曰仰望鈞座於此一時斷然決策改造本黨，我全體同志敬當一致服從，率循努力），故大家無話可說。居先生舉甲午以朝鮮東學黨起釁，今又至甲午，時回運轉，當致太平，舉儒家自強不息之說，接受總裁領導世界人士反共。語極扼要，音低處人家不聽得，喃喃若念經，眾拍手而散。上總裁簽名，余未簽名，蓋以改造本黨，乃黨員各人之事，聽憑總裁來改造，雖三頭六臂無能為役也。總裁在星一中山堂講黨必改造，求其道而不得，往總裁身上一推，皮球踢至總裁之旁而已。歸寓，侯蘇民請吃橘子水。莫葵卿來訪，未晤。枕上閱自由談。

7月5日　晴，下午四時雨甚，既而復晴

稽核處長馮葆共將往台南調查中華日報材料，余復與商往台中調查市黨部印刷所火燒及史料白蟻、李治中

被控三事。九時首長會議，至十一時而散，余歸寓閱
書。午到錦姪處飯，紅燒肉不酥而曬。下午為吳愷玄寫
扇頭後送至伊寓，後雨，雨極大，余食冰凍麥片解悶，
迨雨過天晴再到錦姪處飯。飯後至吳愷玄家、榮元號、
黃小堂家及李志伊家，李夫人全椒汪氏，其姪女為張慶
楨妻，今晚亦在，余講姑太太故事數則乃返。在榮元獲
徐昌年自東京寄來書法雜誌三冊，日本人真用功，雜誌
名墨林，每月五號出版。

7月6日　晴，下午略雨即晴

　　晨常會，余因行政院所定文武公務員調整案給實物
為現日較賤之米、油、鹽、煤，而減少者則為購菜及零
用之現款，下級人員更苦，單身者尤吃虧，真是僅從經
濟算盤之產品，不顧行政效率。該案未提非常委員會
議決，亦嫌專擅。余恐余到常會後，忍而不言，徒自氣
苦，不能忍而言之，人家以妨礙大計來批評我，余乃告
白上之不赴會。到金葆光處坐至十時，伊夫人又患糖鳥
病，天天請醫生打針。出到徐向行寓，其對門為周春星
與其婿呂松盛寓，春星引余往一觀，一子方斷乳。向行
受盜賣公家吉卜車者送來之錢美金四百元，不敢告戴丹
山，而還又還不掉，經法院偵查，極為苦楚。出，到王
子弦，告伊王賢彬覓屋經過。坐三輪歸錦寓，乾菜豆腐
燒得好吃。回西寧，知沈崇宛來訪，為修書與陳辭修請
准梅必敬免其受訓，梅於月前已判無罪矣。夜交通部宴
客，晤馮簡、吳道一、王導之、徐恩曾等。余到吳愷玄

家飯，飯後打牌十二圈，余略負。

7月7日　晴　蘆溝橋抗日紀念　陸軍節

　　晨至黨部閱財務委員會開會紀錄。十時張道藩召集文藝基金會，商論文題及演講題範圍，得葛賢甯「常住峯的青春」道林紙印者一冊。歸西寧，復歸迪化街飯，芋芳絲、青蝦百葉湯，青蝦肥腦濃子味鮮，幾與璜涇產者相等。下午知陸京士夫人將回港，到迪化街購雪菜、花菇各一斤，同錦姪往長安東路五十二號贈送，又不遇。計往訪者五次，而京士夫婦來三次，皆不相遇，真是奇事。回時走五十三巷見袁永錫夫人，又到吳保容寓小坐，取泡菜。錦帆歸，余走公園台北賓館應周至柔酒會，國旗列於道上及門樓，樂隊在樹林中演奏，周至柔、郭寄嶠、袁守謙、宋鉶等排班門口迎賓。雞尾酒有冰塊，以花生及洋山芋片為佳。余遇何敬之、田雲青夫婦、蔣夢麟夫人等，以樓角一樹蔭王雪艇等坐處為佳。六時出，搭電車到錢家，適遇秦啟文及探斗坐車來，復邀王世劻打十二圈，余小勝。飲荳湯，極佳。十一時坐車回寓。

7月8日　晴

　　晨秦啟文請食廣東月餅，豆沙餡膩。走西門町三六九食陽春麵，歸西寧，周亞陶候余車已開走，遂不往。十時往長安東路送京士夫人赴香港，談成衣小和尚帶至香港後，初獲利頗豐，後以為無須合作獨力經營，竟以食物欠佳，病成鬼形。十一時朱品三夫婦亦來送

行。余同胡世楝夫人同回長安東路，伊住七十八巷市政
府前。回錦姪處，錦姪食泡菜，美之下食。至錢家缺
角，石年丈為湊一角，勝負三人分擔，結果分得一角。
既而探斗來，不知制度，三付狂贏，三人各分到六元。
夜飯後秦啟文來接余，眼倦讓給伊，伊與余皆一負。十
時後返寓，浴後即睡。

7月9日　晴

　　六時即起，到後站，早汽油車二十分鐘，在旁攤尋
可食之物，皆無之。七點二十九分鐘到新北投，余等擬
購菜縮回老北投，如早定購菜或預知菜場在老北投，應
自老北投站下車。菜場極濕汙，購肉一斤、蝦四兩，
以芋芳葉包裹，余復購竹萌兩斤。在路旁購熱燒餅、油
條各一，坐人家店面長凳上食之，余無齒咀嚼，感覺不
便。自中心里上山入招待所，先食稀粥，有鹽豆腐、滷
豆及油炸雞蛋，油頗重。浴時有涼水加入，並不甚熱，
浴後攤鋪張帳，余閱諸子學纂要。午時飯，夏心客攜煎
皮蛋及沙丁魚來陪。余等囑意之白燉肉浮肥均被棄去，
僅有瘦肉片、蒸竹筍湯，始知日本人不擇肥也。青蝦用
欠粉，味亦平常，余盡兩碗米飯後睡。又浴至二時三十
分，走傷兵醫院林徑下山，斜坡樹密，下山適為兒童教
養院。坡極高，下山便，上山不宜取此徑，但徑有防空
洞，亦有可取處。至站，火車、汽油車皆靠月台，余等
仍雇車。至南京路余下，啟文抱木瓜歸。木瓜招待所鄰
家地所野生，在招待所可以採到，老蔡奉夏君命採下，
余抱歸，不義之物也。浦逖生夫婦邀崑曲同期，到者不

少，以彈詞及看狀為佳，食千層糕及菜餃及冰菉豆湯。
六時三刻，余走至愛國西路台銀俱樂部，應崑山人歡迎
溫崇信、沈霞飛會餐，錢慕尹、徐燕謀、于景讓、羅星
薇、吳保容、李維壽、鮑燦庭、汪芳淦、夏伯祥、徐
銘、徐篤行、洪亦淵、吳鼎鈺均至，飯後又食西瓜，吳
保容送余歸，稍浴即臥。

　　本日為民國十五年國民革命軍誓師北伐紀念日，明
晨開會紀念。

7 月 10 日　晴

　　六時半起身，八時汽車來候。立法院東樓曬，西樓
闃無一人，余覺置身無地。九時紀念周，于院長主席，
何應欽報告。余與何互致慰勞，蓋今拒誓師二十四年，
余於誓師後入粵為政治會議祕書，尚在其記憶中。散
會時同張曉峯、羅志希同車，曉峯前日薄暮來尋余，擬
邀余上酒樓便飯。志希問余齊如山住何處，擬贈以詩。
到中央黨部後，得李宗黃為魯若蘅家屬來書及陸幼剛來
書，皆托請領入境證。十時半謁吳稚暉先生，伊房東
曬，伊正裸坐內一室，整衣後邀余坐客堂，陳次仲同
談。自十四年冬日離北京俄使館，初擬移學生走張家口
至庫倫上列寧格勒，等三日無車，後傳張宗昌將入京，
乃走□□站，與鈕惕生夫婦至天津轉滬後即轉赴廣州，
置學生於文德東路電信學校。吳師宿於張靜江先生寓
時，蔣總裁則寓於廖夫人處，毛澤東則任農工部長。惲
代英、毛澤東等請師演講，師屢以無政府黨為共產老祖
宗，共產黨不算什麼東西，諸人樂聽師言，聽得此種說

法則笑。六月決定北伐，七月九日東校場命師授旗，師先一日在雙門底購到長袍紗馬褂，九日去扮演一套。十月返滬，租定志豐里兩樓，既而因環龍路四十四號太雜，更添租志豐里五號為國民黨機關。余憶余赴粵之前曾宿志豐里兩三夜，鈕惕生先生（今日中山堂坐鄰座）則謂九月將赴滬離穗，先住醫院數日，然後同陳□□至滬，幸無知者。十月開始在滬作地下工作，翌年光復上海，三月攻克南京。未久而總司令下野，李、白與中央有違言，余到港晤李宗仁，勸服從中央，李、白旋得林子超、程頌雲之斡旋，軍隊退入廣西而叛亂以息，余不參加三次全國大會而為中央委員，乃以此故。

今日報載立法委員劉如心因叛變槍決，吳師曰槍斃亦偶然之事，如陳儀本無所謂氣節，認為當變則變，不意此番將老命變掉了。

又曰如北洋之王治馨遭槍斃，正會逢其適，但亦有會逢而不死者，史良之五花大綁押往南京也，委員長親解其縛。有胡某者南京人，時為獄之看守，利用職權姦史良，並姦諸同繫者，史良作書與其叔述此，余告委員長，委員長大怒，八月十日擬看管胡某，十一日委員長下野，胡某得無事。十一時半回錦姪處飯，昨錦姪寒熱，今日發痧。下午熊公哲來坐，伊願在大學講諸子學說，要余作書介紹給傅孟真。

夜飯後在寧園納涼，蔡君自高雄回，譚上海男妓「坐燈」故事。

7 月 11 日　晴

晨九時黨務考核委員會，到者八、九人。王化南詢中央通信社總編輯陳博生免職查辦有之乎，余詢張曉峰，曉峰云為漏洩軍機，屢戒不悛，總裁震怒，下條諭如此，博生先已請辭，現中央通詢社擬不設總編輯。余以告化南。會散後，晤同茲於中央通詢社，知博生與王芃生抗戰時採日本消息有功，來中央社前本受大公報社邀。同茲以中央社為全國正確報道，不偏不倚，須得老成人領導為詞，請其舍大公而入中央社，為新聞上作大體之指示。其人雖不開口即講三民主義，對黨極忠，所指洩漏軍息云者，遠則指黛山事，近則指闕漢騫任台東防守司令事。同茲曰防守司令在當地會出佈告，非比增援及前線部隊應守機密，且石覺為台北防守司令之消息亦曾公布。張曉峯於雨朝攜去中央社稿，全部檢閱有無不合，而總裁令下，應尊重總裁之尊嚴，余處境至苦。余與白上之又訪陳博生，談立法院中事，並安慰數語，乃歸飯，錦姪仍不適。飯後閱報章雜誌，寓樓廊棚石板漏，換洋鐵塌，丁丁作聲，惟開收音機，叫賣聲則今日無之。余心事重疊，臥坐不寧，晨起腰酸酸甚，不知何故。五時雨雲作，陣風止，更悶，不知所可。

嫠不恤其緯，而憂宗周之隕，自此推演恐遭挫失，師尚父舉丹書之言，義勝欲者從，欲勝義者凶。凡事不強則枉，弗敬則不正，枉者滅廢，敬者萬世。枉字注云「凡事不能自強去執，於此則枉」，此為自執遷怒之大者，余深為黨國懼焉。

六時赴黃小堂家，擬飯於其家，房闊悶熱，父子七

時始返寓，保昌又因開會遲返，余乃至李志伊家閱清道
人遺集佚集。飯時有燒麵等菜，李媳寶應人，擅長獅子
頭，約他日往試。飯後往開封街九十一號樓上尋楊一
峯，未得。回寓浴後聽羅衡廣播，既而臥床不寐，起
與侯甦民等譚，復臥閱傳奇小說李師師、意哥、綠珠
始睡。

7月12日　晴，下午雨

　　晨黨部財務稽核委員會，王子弦正在覓桃源住房，
又愁押金，擬向中央祕書處借款。散會後余到立法院取
米貸金，米價賤，貸金隨之少。回錦姪處飯，伊體軟無
力。下午在西寧北路為人寫扇面二，持往洪陸東處，伊
不在家，滿屋都是人，乃至陳伯稼房閱珂瓅版印李北海
東林寺碑久之。伯稼自會場退出會余，讀扇面所寫詩。
余至徐向行處飯，有冬菇筍、冬瓜蝦米，合景可口。戴
丹山歸，有一友同來，頗暢朗，夜飯後去。訪呂松盛，
周春星婿，頗誠厚。十時乃返。

7月13日　晴，下午雨

　　晨監委會常會，十時半始散，趙棣華用電話約余
飯。余送常務委員返家，到浦城街入居覺生先生寓，先
生留余飯，余已忘趙約，飲威士忌三盃，並與居小妹譚
笑。小妹高中畢業，能縫紉，亦略能燒菜矣，居夫人之
教也。夫人高橋人，住寶山境，父為上海舉人，一妻六
妾，惟夫人及一弟得長成。飯後二時至錢家，與夏、
王、錢三夫人竹戰。夜秦啟文來，續日間苦熱，夜間苦

蚊，苟非藉是以解心頭不快，決不為此。居先生夫婦今
日亦勸余勿愁悶，以打倒毛澤東為第一。

7 月 14 日　晴

　　晨黨部已將影片印成，下列人名，足資紀念。到趙
棣華寓譚：

（一）交通銀行伊現為董事長兼總經理，錢新之兩顧
　　　游移，徐象樞自海南失守不願為副總經理，香
　　　港交通銀行經理鍾諤（字秉鋒）不得志於中共，
　　　又思回復向心關係，正在設計中。趙不日再赴
　　　菲律濱一行，護照名趙同連，已繳過一萬元新
　　　台幣，作二次往，求免得允。

（二）朱國材之為黨創辦銀行太張揚道謀，結果吳鐵
　　　城之華威雖未接受，而徐可亭之大中則藉之溷
　　　浴。大中之孫仲山尤奸滑，幸結束得早，收回
　　　二十條金子，否則一無所有。

（三）黨營事業宜於中央設總管理處，以曾養甫為處
　　　長，其分科宜以廠為類，一廠為一單位，不宜
　　　採取區域政策，使內容複雜難理，不能插足者
　　　疑難謗毀隨之，如青島之齊魯公司、天津之恆
　　　大公司，皆足令北方同志不滿，此極失策。

（四）任顯羣等限制發行額，使陳茶及新茶無款收購，
　　　損失外匯甚多，今貪汙者有罪，而行政害及民生
　　　者，損失雖多不之問，極可惜。

　　十一時歸錦姪處，體已較愈，飯後臥，臥起狄家
銑、狄澍來譚。昨楊一峯來，未遇。劉孟衢來，未遇，

孟衢為其同事毆辱，不知何故。於棣華寓遇呂著青，伊住台南。中午在錦姪處食蝦，下午六時復歸飯。夜飯後本擬跣足乘涼，盛悳曾云有車，乃至探斗家打八圈。

徐昌年自日本東京都澀谷區原町一ノ三生駒寄平凡社所法帖七種：（一）弘法大師集、（二）王羲之集、（三）褚遂良集、（四）歐陽詢集、（五）趙子昂集，餘二集為日本人藤原佐理、藤原行成所書，余不愛好，贈與洪亦淵。

7月15日　晴

晨至黨部，無甚大事，訪陳立夫未遇，遇沈階升。訪張福濱，值其足背鎏傷，不能行動。到立法院繳身份表，十時返寓，李達三來敘話，達三與孫敬先新得交通部設計委員會專員職務。中午到耀處飯，午後回西寧寓。二時半坐侯甦民車至錢探斗寓，在石年丈房移床架桌，因王夫人病，廖楠材不來，始終缺角，未鬥成牌。六時至胡立吳寓，未晤，見文守仁、朱佩蘭及潘志熙、姚愛玲，愛玲病宮外受孕，開刀方愈。出，走李向采寓，與秀武同飯，伊愁接濟姊氏待遇減少，不豰開支，食常茹苦，余往開鳳尾魚一罐。八時鐵路局晚會，音樂話劇火燭小心，京劇白良關、胡蝶夢，直演至子夜一時始散。余曾送入場券與李志伊，未見其至。半夜歸，得孟尚錦二書：（一）告路平甫帶往港紙五百元已匯滬，去電報費六元，為四百九十五元，每一港元值偽人民券五千八百元，震弟所得可能為二百八十一萬元；（二）轉來二弟六月十八日璜涇書、四弟十九日、三弟

廿六日書。

7 月 16 日　晴

　　晨六時一刻起，攜石遺室詩話四冊，搭汽油車至新北投。沿途見刈禾及荷花塘，霧山煙水，以基隆河一帶為美。走旅館最多之街，右為坡樓，皆旅社，左為溫水溪，溪底石如灼傷皮膚，如石灰塘凝固，非常難看。余下岸試溫，熱度殊不能插足。再上有一方亭，廣每邊二十三足，頗曠，上望復有一亭如大菌。余等在善光寺山門村店購沙丁魚一罐，仍自新生報宿舍上坡。至招待所坐臥食粥，浴臥食飯，余共浴四次。飯後臥，夢伯父開喪，金賓洛、顧運儀皆來拜，余念及大房父子行為不正常，來日大難，望几筵大慟，醒來熱淚滿眶。蓋昨晚得三弟書，父子水火如舊，余得是夢，想必不祥。三時走傷兵醫院路，路有水漬，似陣雨初過，余等走林陰亦沾飄雨。自運動場林道下山，見傷兵穿新衣上山，其中有一人見余長袍，謂台灣所少見。到新北投，火車、公共汽車皆靠站，但須等候約半點鐘，乃雇一三重埔之野雞車至大正町而下，改雇三輪至建國北路，野雞車夫勸游台北大橋，頗真率。三輪車背陽光，余為下廠蓬，伊行逆風，仍不易前，方知人力之苦，如余能曝背體諒人者且不多也。到錢家，廖楠材夫婦坐等，同打三將。十時歸，余倦甚，不克參加鐵路晚會即睡，睡至適。

7 月 17 日　晴

　　紀念周呂曉道報告，朱家驊主席讀守則前文，以讀

文章腔調出之，余幾失笑。會散，羅正亮來商伊兄失國
民身分證證明事。余同白上之出訪蘇紹文，曾肄業北大
之士官生，於張邦傑、蔡培火、吳國楨皆少所可，新經
中監會通過繼黃國書而為台灣省負監察專責委員，明晚
擬請飯，今日先往訪。中午同耀、錦飯，伊等滿意於昨
晚會節目，惜余未往。余亦頗樂，三弟均有信到，其中
瑣事記之如下：

二弟：六月十七日自滬返璜，遵姊命出門二月，住
上海一月零二日。抗行鋼筆字寫得好，頗肯用功，蜀華
幫做家務，萬石在幼稚園，琴揆甚活潑，虞履已斷乳。
家用月得三、四兩弟補助一石三斗，奐甥因聯游、習美
在璜，亦貼一石，現與姊合餐，每月總要虧空少許。留
影與諸兒還吃一點麥栖，送禮可省則省，不可不送者則
送之。得余五十萬後購油、米、柴、鹽，現存米六斗、
麥七斗。

綴嫂性仍如昔，處處吃虧，貢三在璜辦理生產救
災，極忙苦。

王錦裳帶病延年，近各方無資助，用途無來處，陸
星北吃稀飯麵條。

四弟信：弟近來甚忙苦，幸身體尚適。棉織學生祇
有一人得杭州備取，王姻伯母同元熙、歸妹、稚柳均在
蘇州，稚柳已讀書，成績尚好。靈巖在大學讀書，如有
機會亦擬找一工作以輕負擔。六月十八日寓中一貓又產
二小貓，中綿頗樂。

三弟信：顧姻伯母病無起色，尚可維持下去（二弟
云可過夏至，如有不測，弟擬一往）。余屋房捐每季廿

二萬，已欠繳兩季。翰姪與豐哥分炊，水火如舊。王筠碧發胖，啞二妹作事尚好，近黃梅多雨。

夜飯在錦處，飯後天熱風息，電流中斷，余在黑暗中洗浴後即睡。十時許電來，起身揩洗即寐。

7月18日　晴

晨到黨部後食白粥，張百成來，購生煎包子享余。陸東來，與洪蘭友、白上之、胡希汾皆譚興台公司事，啟封與結束必須早日決定。陸東邀余謁吳稚暉師，余等往，師尚未起，乃返西寧寓。余繕日記中詩請陸東閱之，陸東眼老花，離距較遠則清楚，余有紀陸東語一首：

顏天跖壽尋常見，日不遑仁事不傳，
為害幾時方瞑目，壞人五萬一千年。

十二時與陸東別，余歸飯，飯後得徐向行書，軍法會審得原告說，戴丹山竟被押，擬明日往慰。熊公哲來，同食冰鳳梨，既而又食香草冰淇淋，王健侯稱本寓為民享公寓。為唐雪玲請入境證須得特許，余為函桂率真海軍總司令。六時往泉州街鐵路飯店，余與白上之出束，為新任台灣負監察專責委員作介紹，到鄧文儀、李友邦、鄭彥棻、谷正鼎、蘇紹文、張懷九、王化南，惟黃國書、王民寧未到。席散，到徐向行處，擬同之往陳良處，陳不在家，乃返寓納涼。有李炳瑗（景蓬）君講章邱大蔥高四尺，挾蔥當瓜子，飾醬於額上，已額醬

盡，則碰別人額得醬，聽者大笑。

7月19日　晴，竟日有風

　　晨到黨部，林潤澤因喪妻未到公，馮葆共自台中、台南調查回，余與談白螞蟻無其事，李治中無甚弊，昨李敬齋來亦云如是。今日徐忍茹亦來看原案。九時負責同志會譚，余不主購士林屋，亦不主發反對尼黑魯宣言。張其昀述董顯光自美國回，述美友勸今日中國應以憂勞探度出之，勿說滿話，更不必說大話。十時余同洪陸東謁吳稚暉師，興台公司不能啟封則結業，請師作一書與總裁，師主結束。余先至總統府，余入謁參謀總長周至柔，伊云戴郛交代不清，余為述非是及戴平日急公之狀，請秉公辦理。十一時三十分總統召見，先問稚暉師安否，余述上次錄音，今日為興台公司將有書上總裁。總裁云內有匪媒，以結束為宜。次詢余監察委員會近狀，余答頗積極工作，對國營事業、黨營機構從逆人員及今後處置正在研究。次詢余對黨改造意見，余謂改造係必須，但黨原有基礎及歷史亦應珍惜，青年宜以工作及理論為領導，其入黨目的為實行主義，利國立民，勿以為悉為名位。有許多為國民黨盡力之人宜保留在黨內，至中央監察委員會宜保留為便。辭畢，余請總裁保重，勿夜深始睡。乃出，約立吳、靜芝明日應趙棣華招。歸飯，錦姪始愛吃素菜。下午劉孟衢夫婦及子子修來坐，基隆中信局，被毆傷太陽穴下及陰囊，現求調總局，余留伊等橘子水、炒麵及冰咖啡，乃去。夜飯時台灣港務局及鐵路兩機關歡送陳清文，前交通處赴日本為

駐日代表團顧問，陳為來接收人員，以十八人接收有
六千日人服務之台灣鐵路，當時頗為難處。本日參加露
天西餐者六十人，唱戲者甚多，余為陪賓，除簽名外又
徇眾意吟七絕一首，書於簽名綢上：

接收之後樹蕭規，昔日來思今去思，
惜別還看觴詠盛，莫望寄返賞櫻詩。

　　九時至錢探斗家打八圈，一時方返，大門已閉，賴
李芳華來開門。尚有淺水可浴，浴後始睡。

7 月 20 日　晴

　　晨常會未提改造案，總裁亦未來。余為戴郛被扣事
商何敬之、錢慕尹及袁守謙，袁謂軍法不歸他管，何、
錢均說審判主任軍法官王時略有神經，不願與之講話。
十一時許余返立法院後即歸錦寓，交伊等葉大表姊致
炳弟書及炳弟七月四號書、桐弟在滬所作書，伊夫婦皆
喜。飯後歸臥，天熱不能入睡，朱佩蘭來告唐小姐單車
受傷情形。五時同王健菴、蔡春曦食山西館雞蛋炒貓耳
朵。六時半到臨沂街七十一巷二十八號趙棣華寓，有朱
君方自揚州來，談清江浦、淮城一帶共匪已如河北、山
東一樣虐待揚州，富春無人吃茶，鎮江陸小坡現為傀
儡。上海至廣州車行三夜兩日，車價三等為偽人民券二
十三萬，過深圳為黃魚，過關納資港幣五十萬。飯時有
胡立吳、王子弦夫婦、張壽賢、許靜芝及趙耀中（棣華
次子），諸人盡白蘭地一瓶。飯後食鳳梨，觀電影，有

天台、雁蕩諸風景片。九時歸，十時臥。吳保容介紹郭
安平來，秦啟文介紹李傳，均擬投考台灣大學，余為作
書余又蓀，請注意錄取。

7月21日　晴

晨往黨部，實無事可為，乃修書覆香港魯若衡及陸
友剛。胡希汾為避免公家損失，交余三兩金塊，十八塊
充監委會事業費（以本期一萬五千元收入，又繳四千餘
元）。余得金後，請各同志一閱，使均知道此事。出，
遇洪陸東，坐伊車訪中央信託局賀其燊，值伊往香港，
何墨林又未到。乃訪周延仲，為劉孟衢請調請伊商趙聚
鈺，至中監會購料餘款一千六百美金但求不損失，請周
君注意。乃返西寧北路作桐表弟及蘭表妹書，後並作覆
炳弟書，並附耀甥所作家書及余相片，均寄香港王豐穀
轉交。薄暮錢探斗候往打牌，余積敗三次，負一百六十
元。天熱甚，夜歸頗涼爽，浴後得熟睡。閱郭嵩燾三弟
郭崑燾（意城，四品卿銜內閣侍讀，長沙人，居曾國藩
幕府，以明練著）蘿華山館日記摘鈔（郭嵩燾亦有蘿華
山館集，館乃郭家祖屋歟），係其季子立蕃於丙戌年所
錄。其人卒於庚辰正月初六日巳時，先五月己卯八月初
九日日記絕筆。其人長於條理，凡祠祭、義莊、育嬰、
修志、積穀、救生、救荒，皆明其竅要。所歡為陳四小
姐，係其表甥女，四小姐歿，有既哀其命薄，又自歎命
蹇，葬之於馬家嘴八兒山中。有記云，凡其附身附棺之
盡心，正恐其父母雖存，亦有所不及也，且檢其所有物
服，並予家所為添置者，專工送給其姊。又有記云，癸

酉十一月十八日得陳三表甥女物化之耗，為之悽惻，此女適周範丞，遇人不淑，以毆傷致疾，是則陳三、陳四乃可憐姊妹也。其人詩頗庸俗。戊辰九月初九日記云，宋孔嘉維抗疏，按周禮夏官司馬職「禁原蠶者」，為傷馬也。郭璞云重蠶為原，今晚蠶也。案天官「辰為馬星」，蠶書蠶為龍精，月直大火，則育其種，是蠶與馬同氣，物莫能兩大，故禁再蠶，以益馬也。月令仲春，祭馬祖，季春，享先蠶，皆為天駟房星也。為馬祈福，謂之馬祖，為蠶祈福，謂之先蠶，蠶重則馬損，氣感之而然也。太宗雖不用其言，而嘉維援引經據，以章付司館。狄膺曰，馬祖與先蠶一也，始則祭馬祖，在仲春既成功，則享先蠶於季春。重蠶傷馬云者乃節約之意，不多育蠶以傷馬祖之心也（吳張儼太古蠶馬記，先敘馬頭娘故事，後引天官說）。

納音：納音之法，今之形家、星日家類皆用之，而未得其所以然之義，予償以納音為疑，今見瑞桂堂資暇錄日律，一六為水，二七為火，三八為木，四九為金，五十為土，五行之中，惟金、木有自然之音，水、火、土必相假而後為音，蓋水假土、火假水、土假火，何以言之。甲己子午，九也；乙庚丑未，八也；丙辛寅申，七也；丁壬卯酉，六也；戊癸辰戌，五也。如甲子乙丑，其數三十有四，四者金之數也，金有自然之音，故納音即從金。庚午辛未，其數三十有二，二者火也，以土為音，故曰土。凡六十甲子皆以類推，此納音之所由起也。

民不能忘牌坊：蘇州拙政園側舊有湯文正牌坊，

題「民不能忘」四字。近吳中潘、錢諸世族為李世忠（疑是李秀成）建坊，其旁亦題「民不能忘」。李鴻章克復江蘇，追究建坊姓名，諸世族哀求拆毀再四，而後允之。

量與可繼：為興賢堂章程答人書云，觀諸君所籌大意，雖曰不專委管帳之人，實則專其事於管帳者之手，將來管帳者如巢窟，董事者如傳舍，必且成積重之勢，故我於此制之甚嚴。古人所謂其量百世，其量十世，須味量字是何氣象。孟子曰，君子創業，垂統為可繼也。又須味可繼二字是何功夫，苟無彌綸經緯之才，無憂勤惕厲之意，難言哉！難言哉！（辰辰二月廿六日）

其伯兄郭嵩燾答書云，所改興賢堂章程極為精當，因言人當為天下不可少之人，方算全量，又須為一家可少之人，方算全福。

卻奩贈：張居正女適劉一儒子，于歸時珠琲紈綺盈箱筐，一儒悉局之別室。居正死，貲產盡入官，一儒乃發向所緘物還之。

晉國七都考：湘潭張和五（坊），雍、乾間官曲沃知縣，有七律七章，大致言晉封非太康，曲沃非聞喜，翼城是故絳，侯馬即新田云。

一、敘唐叔始封之地在今翼城縣西南廿里唐村。

二、敘唐叔遷於今翼城東南十里故城村，架晉水為城，子燮因晉水改國曰晉，父子歷二書。

三、敘成侯遷於曲沃，歷厲、靖、僖、獻五世，在今曲沃縣西南二里。應劭偽注沃在聞喜後，竟以此為新田，非是。

四、敘穆侯遷絳，歷殤叔、文侯，在今翼城縣前出田晉、澮諸水之交，朝拱河山。

五、敘昭侯封成師於曲沃，而自徙於翼都，即晉都故城邨西晉水之上，傳孝、鄂、哀以下凡六世，曲沃武公滅之（欒成死哀侯難，國人改晉水為欒地，建廟祀之）。

六、敘故絳即翼城縣城，武公滅翼都之，故名。故絳子獻公北廣其地二里，歷惠、懷、文、襄、靈、成、景等世，以聚為故絳及汾水西之太平、絳州間名晉城者，皆非是。

七、敘新田都在曲沃縣西南卅里，景公遷此，歷厲、悼、平、昭、頃、定、出、哀、幽、烈、孝、靖等世，後為三家所分。

郭嵩燾使英：丙子十月十七日自上海登車，通事為馬格里，字清臣，清廷賞布政使銜候選道，自稱輒曰卑職，曉官話。在香港開船之前夕，坐輪為巨舟所撞擊，壞後艙。冬月初五日過錫蘭，十二月九日低倫敦，己卯三月初四日返滬，閏三月十四日返縣，弟兄相會。翌年正月初六日，記蘿華山館日記者卒。

7 月 22 日　晴

中央常會，總裁主席，通過黨務改革案，予於十一時先退，會議直至下午一時始散。鄭彥棻等又於五時研究發布新聞辦法，陳立夫同志未到會，聞昨夜又罵立夫也。吳稚暉師於昨夜赴嘉義上阿里山避暑，亦未與會。下午三時同楠材夫婦雀聚，伊夫婦負。本日天熱，夜深

始歸。

7月23日　晨晴，下午雨　星期

汽油車上新北投，期秦孝儀、陳以令未至。浴後飲陳辭修所贈史告脫威司忌陳釀，佳味也。酒後睡，錢中岳、盛、秦諸君均來會。三時同秦啟文至錢家打牌，返寓已十二時，余不覺夜已深也。陳立夫、杜光勛來訪，未晤。

7月24日　雨

紀念周，請美國人而加入本黨者威廉來演講，沈昌煥繙譯，謂今日之台灣即當年之重慶。禮畢，余邀天放、上之、王秉鈞、李永新、張懷久先生一譚，議結束辦法。明日舉行財稽黨考會，後日下午常會，散會後略進茶點，以資話別。至於各人借項，余擬不必索回，請各人有機會貢獻於黨或補助同志。施振華介紹一青年謝長友來譚。中午訪立夫，留飯，黃伯度亦來飯。立夫有寄女張姓，台大外文系二年級生，有三分洋氣，飯時並飲白蘭地一盃。立夫夫婦將往法國游歷。飯後歸臥，徐向行同應駿彪（子䬃）來晤，六時歸飯。夜錢探斗來講吳苑吃茶、蘇州說書景況，陸味初開桃子罐頭享客。天雨，探斗不克歸，不如隨伊歸打牌也。

7月25日　晴

晨往黨部，九時開黨務考核，開除熊克武、但懋辛及聞亦有、陳松年、沈琬等黨籍，老者、親者皆不克

保全，殊痛心也。檢中監會帳，有美金九百餘元、金五十三兩，購料餘款美金一千六百元、新台幣一萬元，余主保留一部分為修葺南京會所之用，邵健工主救濟香港貞忠同志及為工作同志酌留保險經費。十一時返，錦姪念邁櫻生產否，自上次去信後尚未得回信。余於今晨得綴英六月廿四日及七月十二書，外姑服克利西佛咳嗽特效藥，病況轉好，惟酸痛落肉，有如人體骨骼模型，可怕可悲，現在可望活之初秋。金耀先瞎活，邵頌甘過得去，張弓遷回西街項老五所曾住之破屋，喜三在乃德初中旁聽，顧涉高任乃德校長，坤範擬尋一護士工作。張弓胃痛更劇，而食糧將斷，須有救濟。陸長恩妻將生產，遷回鄉下去住，余之衣箱送至謝秉泉處。重慶之中建棉紡公司，入股五萬元者可取四十三萬七千。綴英七月十日到上海，十四返趙橋，初秋可至北平。

7 月 26 日　晨雨，下午晴雨間呈，夜雨

晨往黨部，得購港紙六十元，思再購三兩塊金，胡希汾已送存台灣銀行，成色好而過重者不起價，成色好而重在五兩以下者視為飾金，又吃虧些，總言之外來金被貶值也。九時首長會談，余陳改組後中央工作同志中有願脫離，有無處可往者，宜妥為設法。十二時歸飯，錦姪燒紅燒肉，余禁其用醬油故多，今日始不黏皮。錦又購似麵筋而發酵者一種，亦有味，名曰烤麩。下午三時中監會常會，程天放主席，主席及各委員均慰勞余及上之兼及祕書處同人，各職員生活保險亦酌留經費，其餘可供救濟台港忠貞之監察部門同志之用。五時總裁約

中央委員茶會，到者踴躍，後至者無坐處。宋夫人及
到，發表改造委員十六名，並令起立贊成改造方案。會
散，余同呂曉道、白上之、倪文亞、張清源、谷正鼎集
園亭中譚笑，時雨忽大忽小，叢樹新姿，淺池圓浪，余
等感覺卸仔肩之快適，相與謔笑。呂女士四八之年，自
金門勞軍歸，曬成紅腿，其色與美國尼龍絲襪一分不
差，亦惹人矚目。七時美國國民黨員威廉博士來同飯，
伊告友總理老友林伯克已故世，其子頗不成器。余告伊
常熟、太倉為產母之鄉，今無米吃。宴畢進西瓜，威廉
願食鳳梨，食鳳梨久之乃散，諸人皆坐待，方知外國習
慣亦苦死人。歸時天雨，浴後侯甦民請吃冰淇淋，余進
一小塊即睡。

7月27日　晴

　　秦君錫壽請食早點，余司機周亞陶請往中華路鐵路
棚戶五芳齋，蝦腰麵外又炒一素麵筋，炒菜尚可，而麵
湯頗不佳，無怪其門前寂寂也。入中央黨部，在會議室
與胡希汾檢查今年七月前帳，余為蓋章證明。其中有
明敲徐可亭貪汙者：（一）香港宋漱石、卓衡之、張
廷休、宋述樵以創辦興隆農場為名，領港紙十萬元；
（二）有周鼎珩者以實業計畫會名義，領港紙兩萬元。
亦有為息事寧人而浪費公家之錢，葉秀峰被攻擊，季源
溥等向財委會領四萬銀元，皆足深慨焉。余與白上之集
三林、祝、王、馮等，宣布結束之意，鄭彥棻放起聲
炮，令余對人為難。而胡希汾述鄭之可笑，為中財會向
中祕處借銀元券一萬元，催還信中原寫銀元券，而鄭將

券字圈去，不知中財會帳據鑿然也。此舉雖屬小聰明，而實起於貪心，檢帳中財會現款亦止四萬餘美金、九千餘兩黃、千餘英鎊，此外有革命債務未付者兩筆，為三萬餘美金，可以暫時動用如此而已。中午回錦姪處試吃炸紅魚，日人時代為階級魚，平民不許食也。飯後午睡，睡起劉象山來談，盂縣之鄰為壽陽，祁春圃（寯藻）於道咸間主持文壇，喜言宋詩，集名䜌訛亭集，亭在壽陽。象山為漢河間獻王之後，故以大雅名堂，黃鉞書扁，鉞名及筆跡亦見亭林祠題名，余記其名三十年矣。六時引象山到錦姪處飯，余北京兩兒常往象山霞公府飯，象山往西山，又數以車迓寧兒游頤和園，某次寧兒以園近清華園，散學後日所長游，謝不往。而三十七年兩兒歸瓊，錦姪及邁櫻姊妹間相處親愛，故今日留便飯，至為親切。夜飯後閒步台北橋，往來均靠東闌干，望北投一帶山皆沒入水墨中，略帶青色，胸襟為曠。歸時天黑，兩心朗照，象山背誦余所作詩攜甥念姊，謂余詩初看不甚出色，但真情實意悉在章句間，久之回味雋永，如食橄欖。走延北至北門乃別，月光明亮矣，燈下作覆綴英，蚊囓兩腿乃罷。夜睡尚酣。朱育參、周賢仲來，未晤。

7 月 28 日　晴

晨往黨部，擬節餘款項救濟監察部門同志之處理法，歸途又想及美金、黃金之出售可以高出市價之標賣法，可多得金以助人，不知別人贊成否。到非常委員會為張百成改詩兩句，張為陳含光弟子，含光到台北頗有

所作，百成為油印成冊，以山之幽為最。十時答訪周賢
仲，劉孟衢先動手打閩南人，閩南人擊其太陽穴幾破，
抓陰囊出血，調治始愈，經賢仲奔走調停，閩南人開
除，劉孟衢降掉，孟衢不見公文發表，今日又來詢問，
余特往謝之也。晤李向采及秀武，三十日秀武生日，約
午麵。中午回錦處飯，下午在寓等候陸京士所得張樸人
書，久之不至，乃攜傘乘公共汽車至建國北路錢寓作雀
戲四將，余得十元。秦啟文於第七圈後始至，夜深同車
歸，遇熟車。

7月29日　晴

　　晨三陽春麵，湯味較差，冬菇所用油殊鮮。到黨部
後，為總裁特囑處分興台公司負責人與胡希汾、林鼎銘
商。又為保全馮葆共、上官俅、林玉存，特囑付胡光炳
與三人在得意忘形時說說，免使不能見容。十時半坐
車尋李愍寶、狄文琴，皆未得其址。飯時食煎赤羽魚，
飯後食生蕉兩隻。回寓，得京士寄來張樸人五月十七日
書，云（一）沙溪利泰紗廠一月份起倒停，對債務一無
清理辦法，四月內大裁員，工友約停歇四成，職員約裁
去六成，樸人亦被裁，經理朱君現在香港；（二）賺錢
吃飯的問題，雖動腦經亦動不出；（三）陸增福之阿育
約在六月伏天又將生產；（四）朱樹人住在鄉間，尚無
麻煩。余閱信既畢，叫吳瑞生來取，送回京士。洪陸東
率其女婿祝齡來談興台公司事，二人均願自請處分，余
安慰之。客去，余至錢家打牌四將，余宿欠償清，付新
台幣六元半，十一時返寓，時間亦相當。今夜為六月望

日，台灣人謂為半年節，家家過節，余坐寧園庭望月，
與王、李閒談。

7 月 30 日　晴，下午風

　　晨走西寧南路，尋大上海洗染店，欲訪錢其康不
得。訪黃小堂，上班去矣，星期日尚須工作半日，問
其子保昌，則機關中開會，數日不歸。到開封街一段
九十一號一樓訪楊一峯，示余伊近所作五言論史詩，頗
能直抒所見，不加雕琢，喬鵬書有和作一首。張子揚等
均同住此，為黃朝琴所招待，不費一文。余下立法院，
同事送者五、六人。出走鄭州路購茄立克香煙兩罐，
又到福建茶店購台灣綠茶一觔攜往孫秀武處，伊今日
三十八歲生日，肖兔。午麵，有孫仲瑜及方仲豪整家，
飯後余書一詩乃歸。菜以乾切火腿及八寶肥雞為佳，李
向采飲頗暢。

秀武義妹生日寫贈此詩

台北蓮開早，清漪盛此時，
昨歡月始滿，今樂酒分持；
心直關人切，情真怯世欺，
何因兄視我，望六一孤兒。

　　歸臥，洪陸東攜婿來。四時食赤豆粥。夜江蘇同鄉
集會討論遵政府新規定組織全台江蘇同鄉會事，推籌備
員十一人。會畢食簡單之西餐，餐畢電影，宴上次植物
園所攝片。歸途遇吳愷玄，送余回寓。為秀峰託鄭行飛

同志案，請朱文伯一為主持公道。得炳弟七月十五日、
萃弟三月廿五日、震弟二月十五日小除夕書、紫薇七月
十五日書，彙記未知消息如下：

一、滬太虧本，勢須倒閉，五月一日晚狄詠宮司庫被竊
　　公款六百八十五萬，查緝不獲，法院指示公司亦應
　　同負其責，七月公司認為有過失，停職歸溧。

二、陳豈凡受訓時到炳寓。

三、七月十三日太倉人崔雁冰、葉振公、曾頌千、潘應
　　昌、傅章倓、顧震白、楊漱霞、程寶榮、張宗傑、
　　朱鐵英、郁聖祥集狄書三寓聚餐，狄建菴亦參加。

四、萃弟三月十九日五時三十分得一男孩，取名狄原泛。

五、震弟寄輓育姑母聯：

歸武陵未逾三載，慘喪薰碪，
撫遺孤瘤女，守勁節茹荼苦，到老不渝；
抱痼疾倏經數月，傷予昆季，
憶嘉言懿行，丁亂世多荊棘，餘憾無窮。

六、原沚在務本，暑假參加各種實際活動的鍛鍊，暑假
　　中有生產勞動組學踏洋機編織等，原沚也想學。

七、原漱在瀋陽生活緊張，但營養方面差些。

八、原渤會開拖拉機係老鄧之教，現在蘆溝橋農場。

九、原溟事情較忙，雖然生活清苦，頗得民眾好感。

十、嘉嵋今年十歲，得余香蕉詩，聽了只是笑笑。

十一、安嫻仍愛脂粉，一天到晚嬉耍，但考得還好。

十二、小弟在幼稚園天真活潑，並不懶學，但脾氣易怒，

膽子還小。

十三、小綉最會說話，只三歲可以與大人談話，天真
　　　有趣。

十四、靈巖姊姊在合作系學俄文，他學得很好。

十五、狄正是狄沅夫的兒子。

十六、陳止熙工作積極，上次璜涇生產救災捐米五斗。

十七、俞柏蓀會講故事，大家愛聽。

十八、王瑞珍為電錶度數與畫三不和。

7 月 31 日　晴雨

　　晨紀念周前，居先生語我稚暉先生起居應有一保
姆。紀念周居先生作報告，謂國民黨多方以自誤，誤
之甚者莫如三十四年代表大會。禮畢，中監會復舉行
八十五次常會，決議嚴重警告洪陸東、停止祝齡黨權一
年，均為興台公司捕獲匪諜案而處分也。會罷同往殯儀
館弔郭晦吾（懺）之喪，係患腦溢血，自舟山指揮部主
任歸，久病不愈，昨晨四時四十分乃卒，年五十七。午
食餛飩，有蝦仁，中有一蝦芒，余同錦姪頑笑為樂。下
午睡起，雨甚重，至黨部核上總裁簽呈並對帳。四時歸
寓洗身，食菜豆粥。六時再至黨部文藝基金保管委員會
開會，留便飯，余主立一決議受中國國民黨之指導監
督。今日獲七月十八日炳弟信、十九日奐甥書、光琪相
片、棉織技術學校校地平面圖、新教室設計圖、投標章
程、施工細則及建築合同等。課室東西向實不合宜，余
作書主購進楊漢生宅，恐辦不到，且來不及矣。奐信云
廿四日同舅母赴北平，關於二舅生活，三、四舅月貼應

該照常，余之匯款在實際上於二舅無甚補益。頤甥將返璜度夏。璜涇技術學辦得有口皆碑，今夏已有畢業生廿餘人，就業師生曾赤足下田治螟，如今年棉田實驗成功，於農民有更大啟示。今夏招生四方八面都來投考，已不復有初辦時招攬情形矣。萃舅在冀西造林，來信云北方人誠實敦厚，處事順適。鐵路已正在新路建設，技術人員統一調配，過去集中城市現象已在逐步改良。

　　夜八時到王世劻家打八圈，無勝負，亦無得意之牌。

劉象山至自香港同遊台北橋疊魚韻

我臺君港久無書，君忽重來此地居，
劫火殘民天故甚，葵心向黨眾如初；
雲山青礙終焉暝，水月流輝暫亦虛，
相並莫輕闌下望，有人指影說雙魚。

8 月 1 日　晴

晨赴黨部，楊佛士來託為吳迪同志謀分發考試院，託向鈕惕生晉言。余無事，坐非常委員會飲茶，戴登、張百成相與笑譚。十時向胡希汾處移款，託孫秀武存放，月可得利一角，前存於朱鍾祺，因肥料省營，無利可得，將送回也。隨到立法院取八月發放款，義取者止新台幣四月元，餘六百餘則為巧借。此自本月起有實物證四聯單一紙，計配給熟煤伍十市斤、食鹽一斤、油一斤四兩、米五十二市斤伍兩，所值無多而煩雜頗甚，所去者為購菜之新台幣，余立法委員亦被減五十五元。歸錦姪處飯，飯後臥。昨日麥克阿瑟自東京來，今午歸去，此來為關於共同保衛台灣與商定中美軍事合作之基礎，昨今兩度軍事會議，此行可打擊成功湖俄代表重返安全理事會之陰霾，而有利於今日之防禦、將來之抗俄，關於南韓，中國可無須出兵矣。余為之興奮，赴王為俊家與王夫人之女友打牌，本議學習四數而打么半之麻將，乃女友主放棄四數而打么二，結果王夫人雖勝，而現金又為探斗得。十一時余回寓。

8 月 2 日　晴

晨八時以車去李志伊寓，將送志伊夫人往碧潭，門局人去，殆以昨日行矣。到黨部核移交件、核帳，到海外部為□定生寫一條幅。午歸飯，飯後取朱鍾祺款，託王介民還胡希汾。王去，稍臥，閱王荊公集，天熱，頗有雨意。五時同王健菴食赤豆湯，赤豆煮得酥爛，極可口。夜飯時食豬肝湯。得五月卅日桐表弟書，貢三有附

語謂兩書已接到。桐信云璜職情形甚好，本學期教職員十人，學生百餘人，寄宿生佔三分之一，今年教室建築基地在墻弄，明年想在瓦雀濱沿岸添建宿舍。西鄰毛田擬於秋後收賣，準備西自櫃子梢、北沿瓦雀濱、東抵姚蕩，在此範圍內盡歸校有。

夜飯後坐廊下閱書報，秦啟文謂錢探斗數次尋余，乃坐三輪車往打八圈，余又負。十二時回寓，浴後得美睡。

8月3日　晴

晨至黨部，改造會尚未定接收日期，各單位已久待矣，余在黨部實已無所事事。陳永康、葉溯中、鄭味經來坐，余同味經至西寧北路寓閱家書。迪化街同飯，談張鵬才得布，而其妻譚以餘款得柴，柴在危時上海無來路，得利頗多，始知發財有福分也。午飯後知徐漢豪來訪，約下午三至四再來訪。

昨民族報載有日本的採珠娘子，珍珠來源一種是取自海底，一種是人工培植。採珠娘子自幼訓練，十六歲駕小舟入海，全裸祇穿三條褲，用布塊束好了頭髮，帶上紗網眼鏡，以防海水或魚類損害他們的眼睛，泅到深四十呎的海底採集藏有珍珠的牡蠣。培植牡蠣的方法是先在海底擇定地點，把牡蠣種子放下去三年之後，原種的牡蠣生下了小牡蠣，然後把小牡蠣撈起來移植於海灘上之珍珠培植場，再由專家細心地選擇，再把那些可能採珠的小牡蠣放在鐵籠裡面，懸放於離水面二、三十尺深的海中，同時要設法防備鱘魚、海盤車、腹足動物和

冷流的侵害，數年後撈起方取得珍珠。日人御幸本木每月有五百粒珍珠收入，有珍珠大王之稱。

工商日報載第三十一屆環游法國之單車比賽，自六月三十日至七月廿四日舉行，全程三千英里，平均每天跑 143 英里，一小時跑二十英里左右，共競賽二十一日，中有四天休息，行程為巴黎經里姆、布魯塞爾、波洛業、盧昂、聖馬路、聖沙曼、里沙堡、拉魯希爾、波爾多、聖沙巴斯頓、波沃、洛川、都魯塞、尼梅斯、馬賽、喀業斯、布拉根、奧斯達、聖維遜、洛桑、科爾墨、南錫而返巴黎。

徐漢豪偕妻周蜀雲來訪，述重慶陷，周適自達縣到石灰市商業學校，被指為國特，有共產黨一人經常來監視，口稱負責聯絡商業學校訓育長，為國民黨特務，實共產黨也。徐當年終託言返達縣，而實止於墊江，寓內表弟為起義軍之祕書者以俘眷名字列冊，自重慶至漢口而漢豪病，乃南轉廣州，宿旅館一夜即遷居朋友家，覓間至深圳。周烤綢衫隨粵女子闖過關，漢豪出港紙五十元，如趙棣華家楊君例，洋然過柵，粵人、英警朋分是款必矣。漢豪下期可補立法委員，其父為徐蘭墅，眾議院議員，民初余亦識之。

夜飯後秦君又說探斗約往王世勛家雀敘，乃乘三輪車往。打八圈，余又負三十七元，為秦君償五十元，尚欠秦君二十元。歸為十一時，得座位舒適三輪車，路上極風涼。

8月4日　雨晴間作

台南有一日下雨十八次、出太陽十七次者，更後一次雨入夜矣。七時赴機場，送立夫夫婦轉菲律濱赴瑞士出席世界道德重整會議，送行者極多。果夫嫂出台中來，體已健康，陶式瑛亦發胖，陳妹為音樂教員者名贊夫，未嫁，祿卿囑作媒，又有親戚穿紅衣者陳憲民，為張天開之夫人，年少而豔。陳誠、何應欽、白崇禧、朱家驊、江一平、谷正綱、鼎、張其昀、鄭彥棻等二百餘人皆來送行，攝影片甚多。余作諧聯云「鴛鴦機一年緩緩，葡萄糖二百 CC」，見者皆笑。十時雨，余又發表「握手男男女女，淋頭雨雨風風」，乃同胡希汾先歸黨部。子弦來，約伊今夜飲酒，又約黃仲翔夫婦歸迪化街飯，鴨、煎魚、芋艿絲、豆腐番茄蛋湯皆可口。回寓睡佳，便亦暢。下午同徐向行通電話，知孫仿魯亦允幫忙使丹山處無罪之地。六時攜酒到劉光斗處坐，知警察取麵不付錢乃是常例，攤派愛國捐有愛國符一紙，捐者得之貼於板上，則後至者不再派捐，但給錢而不購者亦得是符，情幣至顯然也。

七時在吉荓餐館，請同學王子壯二、三兩女王為瑩、為瑾西餐，張壽賢夫婦攜女可若來，王子弦獨來，黃仲翔於下午五時前通知未到時他出，仲翔夫人攜十歲之子來。諸飲啖極暢，十一人吃九客未能吃完，共付二百五十元。餐畢至國際影戲館，張壽賢請觀電影，館無冷氣設備，影片又為謀殺前妻娶次妻，再謀殺次妻娶三妻故事，殊無情趣，余乃返寓，浴後得熟睡。

8 月 5 日　晴

晨啜粥後再吃雞蛋、麥片，分量過重。到黨部，十時改造委員宣誓就職，總裁監誓，讀十三年一月十一日總理對第一次全國代表大會演講詞作訓。禮畢，張懷九先生到祕書處，余語以現金交代之分撥辦法，並告據周宏濤云，總裁已閱處分洪陸東、祝齡案，意微嫌輕，大概可以過得去矣。十一時懷老車送余歸寓，談總理之放棄個人自由，非不令各人發表意見，亦非不納人言，是不許黨既決定之案而退有後言。至用人採採眾人推薦，例如用黃昌穀、傅汝霖皆有一段道理可說。至大計，若容共則希望出共產黨於歧途，聯段則確信段祺瑞來行總理之所主張，且必將容共聯段之意向反對者反覆陳說，反對者見其誠意，更增信仰。談至十二時，唐國楨來，乃去。余應唐邀入一四川館飯，遇張明及張子揚，飯後又到西寧南路 151 三樓唐寓小坐，即歸寓。

晨吳禮卿到余室譚安徽，南以祁門控蘇、浙、閩，北以淮上之兵源糧源支持徐、鄭並控鄂東，中國內地之要省也，曾國藩安慶、祁門均紮大營，用意與古人合。

六時半監會，同人宴白上之與余於狀元樓，林鼎銘未到。諸人年齡之總為六百七十八，去八百尚二百二十二歲，余謂必然超過八百之數。席散即歸，天熱，余未敢多飲。

8 月 6 日　晴雨間作　星期

晨走鄭州路乘汽油車，為時僅差一分鐘，登車即開出，路上已收成之稻田又將插新秧。到新北投，誤從七

星橋登山，在溫泉路尋公館路未得，後於北投橋左得之。十八號為何尚時家，晤同居奉賢橋書記長陶家麟同志及尚時子考試院祕書德寬，留稀飯。即同上八勝園中線，談陸慎先（盲生）因有組織能力，共黨以紙手銬辱之，並聲言將公審，不知性命如何。余等行近招待所，天雨，入所則大雨，浴兩次。天晴，乃走外公路下，山色如沐，泉流粗肥。到轉灣有一回空野雞車，余允給十元進城，未允，方開慢車候於考慮，而候余歸城之車適來，乃歸中央黨部。改造委員與中央負責人關於移交接收交換意見，余說：（一）改造為做以後，事做便困難；（二）機構人員應求合理，中央自裁員五分之四，留存之人高級者多而無兵將配合，不可久長，故人員應比南京時總數五分之一之數，不能再少；（三）現在有能者想走，不能走者恐慌，務必使之安心工作，將鑼鼓敲起，打鐃鈸者工作較簡，但無此人亦不成腔調；（四）謂監察工作為做之側面，非常重要，余略述半年來監察委員會所辦之事，並述各常務委員保留一部分款為救濟監察部門工作之用意。十二時半飯，飯後食西瓜，不甜。余至鈕惕生先生寓，得前日所忘之黑紙扇。出，到南昌街十普寺拜季陶夫人趙氏之喪，卒於成都，向育仁為經記喪事。余圖在寺中晤陳伯稼，而伯稼已他往。自烈日中走植物園幼稚園中參加崑曲同期，聽王導子下金堂一段後，即乘導子車至大安組織部辦公室參加溧陽同鄉會，有陳福星君自溧陽新來，報告鄉情，余演說約一刻鐘。四時十五分車至探斗家，藕兮夫人正因下女不來而氣苦，稍待李景蘧、秦啟分來共譚笑，打二十

圈，余勝，欠錢探斗祇二十五元矣，羽霄亦來打四圈。
歸寓十二時，約今後每星期祇荒唐一次。張其昀來訪，
未晤，鈕長耀、俞成椿率子廷肯下午七時半來訪，未
晤。今日為原子彈轟炸日本廣島第五周年。

8月7日　晴

　　晨赴中山堂總理紀念周，顧少川報告，對前途表示
樂觀。十時至黨部，準備下午四時移交，鄭澈來，余正
忙亂。回錦姪處飯，購茶葉、火腿等送張溥泉夫人，下
午吳瑞生來。三時立法院外交委員會請顧少川報告，
內容分三點。余於四時到黨部，先請王寵惠、鈕永建、
張默君、章嘉臨余室驗金及美鈔現款之特留，及為救濟
監察部門同志用者，及移交改造委員會之結單。驗畢上
樓，王亮老坐余對面，李君佩坐其側，陳天鷗君持張其
昀章為接收人，余為移交人，自印信、公物、委員人工
名冊、南京房屋地產及會議錄及卷宗一一點交，中央信
託局之結單亦專案移交，張已同意監委會留款派用辦
法，順利完成，亮老得早回去，迎時亦感不舒適也。余
自日本投降之日（三十四年八月十四日）任中監會祕書
長，今日得卸仔肩（計任五年缺一星期），非常快樂。
余以寬厚勤誠自勉，各方以真實報告見惠，以余之無欲
害人之心也，一切員工力不能還之帳，一概免還，以余
潔己奉公、為公家所省之錢已不少也。初因身自執委任
監委會祕書長，有人認為不合，中遭李世軍等之橫逆，
幾次氣不過擬辭，自料不能善終，今得結束，幸之尤
幸。夜晚回錦姪處，往返皆步行，回寓後頗倦，略有咳

嗽，浴後即睡，頗安。

關於中國農民銀行，行政院第一三五次會議農行保留名義，留置三數人保管財產，俟收復大陸，重訂金融體系，再決定改組辦法。行中常董會議決：（一）董監會保留，但不經常舉行會議，其職權由董事長及常駐監察行使，並各留用一人；（二）總經理、協理名義保留，使處理國內外未了事宜得到便利；（三）保管處設主任一人，保管員四人，保管處主任由趙葆全兼任，七月十六日保管處成立。

嘉義古名諸羅，王克捷乾隆三十一年丙戌科進士，諸羅人（宋書同來信云）。

8月8日　晴

晨起將房內各件略加整理，食麵不鮮，朱佩蘭來訪。十一時同任德曾訪糖業公司雷寶華，有雷殷欲購酒精，需經批准而得，交貨則在台中。歸錦姪處午飯，有蔥焦芋艿，頗可口。下午熟睡，睡起徐向行來談。四時樹華企業公司在漢口街一段一二六號召集董監事茶話會，余本約任君往板橋游林家花園，遂因之改期。三時半徐向行來，戴丹山聞有罪欲輕生，余勸應忍耐。四時樹華公司茶話會，到趙棣華、余井塘、張清源、張壽賢、葉秀峰。上海陷，損失約六十萬。香港林雲谷經營美肥料，資本百萬，值汕頭將陷，林君苦苦幹旋，尚贏行美金三萬元。此間之門市部專為中本消毛貨、毛冷及毛毯，因軍隊、民眾兩有需求，九月份貨已定滿額。此間樹華有房一所，值六萬新台幣，有現款約五萬，有應

收未收帳約二萬。余等食美柑、燒餅、三明治，以燒餅
為佳。六時同秀峰游植物園，賞紅蓮盛開，清蔭滿園。
回迪化街飯，飯後回西寧浴。錢中岳來譚松江食品，如
草屋四鰓鱸及王狗醬胡桃及矮子餛飩等。

8月9日　晴，有風

晨往植物園旁博愛路陳伯稼，約其明晚到西寧北路
六號乘涼，伊殊忙於屬草，匆匆赴考試院。余至洪陸東
寓喚伊起身，告伊處分案總裁尚交改造委員會核議。在
陸東處食乾粉與粥。出，隨鈕惕生先生至重慶南路招
商局三樓訪顧少川大使，未遇。歸寓略休，往峨嵋街交
通銀行晤趙棣華、田崐山、陳惠夫。歸錦寓午飯，有蒸
臭豆腐干，美味也。錦姪今日往鐵路醫院檢查，有脹而
無肺病，並言明年三月當產，大家喜歡。飯後臥，臥起
樓窗涼風習習，與別人家寓不同，真幸福也。五時姚志
崇講戴軼羣種種不合，六時胡希汾攜款來。七時到探斗
家，王世勛請人飯，飯後打八圈，余負。

8月10日　晴

晨祝毓來，余嘉勉之。徐向行來述丹山將判七年，
恐自殺，簌簌淚落，余無以為計。九時半至交通銀行，
周佩箴前日自香港飛來，與之略譚。十時託趙棣華以中
監同人疏散準備金存中本毛紡公司，昨言可月息一角
者，今祇得七分。五日棣華云下月改，一月不知能實現
否也。回寓後坐車探吳稚暉先生，開帳裸臥，若一野
熊，電風扇暢轉其旁。前日自阿里山回，上山時以右手

緊拉闌干，上山後右臂便酸痛不能行動。山上水寒，飲
之則瀉，國防部醫生攜藥二十餘種，診護甚周。蔣經國
昨來探望，以草山已為準備四房屋一所，請先生遷往。
余於治普先生暨馬光辰處得上述消息，據云阿里山除神
木外無大樹，有紅檜林者，自阿里山後山往尚需行三十
里。游阿里山宜以四月櫻花開時及九月雨季終了時，方
空晴有致，若此次吳先生去時門外雨霧，不能望遠，與
不上山等耳，當地人勸先生在嘉義小住，良有以也。余
與馬袁冰（六十六歲）略談後即歸飯，飯後暢臥，臥起
繪雲窗綠樹一紙。莫葵卿來問余安適否。余電話請章誠
一來坐，未來。五時後到三條通吳保容寓，同保容至
六十一號袁永錫寓食雞湯蝦仁餛飩，復在保容處飯，食
泡菜。保容夫人傷風，鼻不通利。歸西寧北路，陳伯稼
已來，在草坪坐，留麵，譚伊弟仲經撤退瓊山，以辦事
處立學校，安詳難得。上樓閱余日記，譚民七戴季陶以
大本營祕書兼外交部次長，伯稼與孫哲生皆為祕書，伯
稼自江門晨晉省、下午歸江門者匝月。民十七伯稼在李
祿超土地廳，又往中山大學晤季陶先生，允命編東沙群
島、西沙群島成案彙編，及最後為考試院編大事記各情
形。季陶先生目光敏銳，大陸全陷殆已前悉，故其言曰
「知當前之危險者不危險，以為不危險乃真危險」，又
嘗語賈景德曰「我位為院長，而親居近密曾不能聽我一
言」。余問何時起始感覺有此隔閡，伯稼亦不能知也。
九時伯稼歸，半年之間尋余三次，幸今晚得遇。未幾劉
象山來，余浴，象山愁無就，李達三以常意為之參贊，
云十個立法委員簽名作薦書當有神效，余以為不盡然，

而達三言之鑿，蓋政府與立法委員間必曾有如此如此者，亦可悲可笑也。象山飲雪糕後始歸。

8 月 11 日　晴

晨啜粥拌豆腐，豆腐嫌老，而醬油亦黑呆，惟香油佳耳。薛佩琦來譚唐忍菴各事，伊認為不妥者：（一）璜涇區所房屋之取消；（二）城區曹校長之撤換，而唐來電話阻止；（三）某墓道案交法院，唐無可利用，責縣長不合；（四）凡朱樹人之行動，殆由唐主之，為紳士而無利地方之實政，聲言地方而自己得利者，唐奇也。出，余赴秦少文寓，為戴郛案再請疏解。到黨部晤諸同事，約九月十二日小敘。到戴郛家，徐向行正往探郛。到孔凡均宅，凡均正抱小孩。到鄭味經寓小坐，即返錦寓飯。飯後臥，臥起作覆侯雋人書，寄去照相二幀，其一為童慕葛所要。三時徐向行來。四時雷殷來，欽廉之役黃克強到欽州屬三那，到大塘（永寧管）之達莊雷學校中訊雷數語，認為志合，即令加盟，囑明日備馬隨黃往，而郭人漳不敢舉義。黃回達莊，由上司出龍州，戒雷勿外洩加盟事。此革命掌故，余少時為之，老時不能復為之耶。坐伊車至寶慶路尋邵日鈤，已於五時三十分退公。到趙琛家，其子女整衣將出，伊下半年可得臺大教授、陸大特別講師。出訪張懷九先生，譚政學會之始實為袁世凱解散國會後之靠攏分子，始終依靠國民黨而以做官為原則。民七七總裁時代，戴岑春萱而投降北洋，余於西南國會倡無法律根據之不信任案，簽名者眾，岑遂引退，岑亦謂上五十六號之當也。楊永泰號

為巨魁，於兵則主化整為零，於財則主化零為整，於領
袖則云與其為一黨之領袖，孰若為全國之領袖。其言似
是而非，潤非而澤，兵零則勢弱，財聚則民散，而全國
封疆大吏幾皆政學系矣，稱全國之領袖云者受政學系之
擁戴，一朝謀叛，則真心擁戴之黨員勢已隔離，力已微
弱，往往遠水不救近火，此極大之隱謀，而總裁頗聽得
進去。又張羣之打擊孔祥熙自打擊高秉坊始，打擊高秉
坊自貴州局始，其打擊人正是小人陷害之正宗，與東廠
之算計人同其方法。至其得官後引援弄政，與清末廣東
人之做官公司相同，最後又援照共產黨方法集團入中國
國民黨，居膏之下肓之上，毒素散布於血液，改革亦會
傳代，此真國家之隱憂也。最後余舉為民前鋒之說，謂
政學系無先烈，某君謂如有之，第一名當為楊永泰，第
二名陳儀云。出，本擬尋洪陸東，途遇雷望之夫人，邀
入孝實新舍蘭蕾頗院，余飲酒食飯，與望之姊說笑為
樂。夜飯後同洪陸東、祝齡夫婦入植物園，在荷池邊納
涼，紅荷捲糭，蓮葉大張，對岸叢葦間有水雞一只，喟
喟作聲，葦之上有明星一粒，靜適難狀。余因陸東女
重，身不耐久立乃歸。得陸幼剛書，覆之，託伊調查港
澳監察部門同志失業、而有業而不能瞻其家室或家有病
人者，請其與黃麟書、魯蕩平調查見告。

　　陳立夫八月四日石印信云，立夫廿餘年來致力黨
政，蒙總裁督策，荷同志愛護，兢兢業業，黽勉將事。
乃以才識短絀，肆應無方，上無以分總裁宵旰之憂，下
無以致同志精誠之力，乖迕日增，愆尤叢積，撫躬循
省，慙疚奚似。惟此行一秉反求諸己之義，潛心進修，

期益學養，藉圖補過，果報黨報國之一念未泯，即相與
戮力之，來日方永。吾兄致身革命，戀續在黨，務希本
終始之誼，對總裁益矢忠貞，共資匡濟，並祈不遺在
遠，時賜教言。

8 月 12 日　晴

晨雷殷來譚，民四自東京奉命為廣西說陸榮廷，與
之跪關帝廟誓討袁世凱，廣西兵四師三向出動，影響所
及，雲南緊張之勢以鬆，迄袁退回廣西，始終站在革命
方面。研究系中人說此乃梁任公游說之功，其實任公
到南甯祇起事前四日，其時連保皇黨之徐勤亦到南寧，
正如八方風雨會中州也。雷軍又譚廣西無政學系，有之
祇有□□□，亦祇半個政學系。下午五時同苗告寶、劉
象山、孔達生驅車至頂北投興文社浴，同食狀元樓菜，
同座翁瑞堂（鈐，新竹人）、翁夫人（蘇太平縣人）、
子胖胖，及與劉象山北平同逃出之胡耀章。宴畢已八時
半，回至錢探斗家打十二圈，二時始睡。

今晨鄭澈來譚，有寧波人王元祥來台灣，受王錦文
寵盛招待。錦文貌過闊綽，實做空中樓閣，炫人眼目以
吸收存款。元祥以金八條入錦文所營銀樓，元祥虧款，
債權團轉向元祥索款。債權團中有石覺夫人等，多為有
力者，押元祥在警察局者兩月，封元祥自經營之華通倉
庫，華通以無關係，經律師交涉啟封。債權人又軟商王
元祥出資兩萬元，庶幾得了，元祥保出，又向索四萬。
元祥無以償，又被捕之保安司令部，今與王錦文同繫。
台北之動罹法網與中間勢力，可畏也。

8月13日　晴，下午雨，入夜雨甚

　　晨王子弦來，同往三陽春食香蘭麵。返寓長譚，伊
有寡姊二，被人棄棄姊一，有兄留日，歸為省議員，早
故，瀏陽與長沙房均被燬，境況孤苦，譚至十時始別。
余出，尋孔達生未遇。歸西寧路，俞成椿、鈕長耀來
訪，成椿離滬未到畫三寓，成娸在美與梁君同居，已將
生子。十二時赴勵志社溧陽狄氏宗親會，女子到者五
人、男子七人，食十二元一客之大菜，攝影而散。余至
探斗家打牌八圈之後，出外至三六九食蒸餃、大包子及
麵。歸家再打，天雨甚，不能返寓，臥石年丈對榻。

8月14日　晴

　　晨食粥，即出至公園，紅白蓮盛開。至臺北電台為
演說競賽之評判，以龔姓女子為最，李姓者得第四名，
頗懊喪，許君武、傅紅蓼亦來聽吃。至二時許，錦江吃
飯乃散。余於中時許抽身到新蓬萊三樓參與亞東建新公
司董監事談話會，此為與韓國同志合作之事業，有德昌
煙公司、京華化工廠、嘉興碾米廠、建鄴機米廠、建興
鐵工廠等在京滬已淪陷，余主設一保管處以資興復。回
寓小臥後，劉澄清、張福濱來譚，余到仁愛路三段參加
空軍節酒會。出，同林彬、查良鑑、曾劭勳同到中心醫
院探傅孟真膽石，面色甚好，余料其照 X 光後不必開
刀也。回錦姪處飯，徐向行在，求能減輕丹山處罪。八
時在寧寓浴，九時至中山堂觀大鵬劇社平劇，以王永春
飾三叉口之劉利華、顧正秋之玉堂春、熊寶森之褚彪、
張正芬之美女唱大鼓及硼硼戲各一段為佳。余與陳良

鄰座，丹山事伊主勿與總統說及。回寓已二時。今日
得炳七月廿五日、震廿一日書，驚悉后焯（學箕子）年
十六，五月三十日在乃德中學因營養不足，發生紫斑症
暴卒（早上覺疲憊未起，亭午氣絕，飯後經人發覺，云
是腺症）。后氏丁少而又遭此變，真不幸也。

后家北牆妖桃前年、去歲兩度春花秋發，學詩飼八
哥，學箕今年元旦攜置水橋石上使得洗刷，狂風將鳥籠
吹入河心，撩起鳥斃。后焯端午前三日回家，翌日暴雨
中赴校，遂不復返。

五甥七月廿一日返璜，姊與震暫分炊。璜造校舍款
缺米卅石，炳擬以余中建公司四十三萬捐出。璜溽有人
做花邊潮，嫂嫂每日可得二千元左右，璜溽亦有人做捐
煙出賣，每器要收一萬二千元。玄武池荷花先開二朵，
姚蕩橋擬小修理，施起眉已會跑會話。

8月15日　晴

晨王介民來譚，伊主管人事頗多難處，例如本人望
升遷而不顧其他應升之人，或私人行動過於急私而做因
公之論罵，皆伊所難堪，余慰之。九時錢羽霄送錢來，
余候雷殷來取，終日未來。中午回錦姪處飯，食田雞。
下午作書與諸兄弟及頤甥。劉象山來，鄭家藩來譚，象
山興文社宴客費將千金，係祝再揚之參謀，窮人請客而
與不在乎者相商，正可笑。六時半李達三約王企光、任
慧曾同入山西館吃餡兒餅、蒸餃、炒麵魚、黃瓜裡肌片
湯，甚快，費三十三元。七時赴鐵路飯店韓國獨立紀念
日酒會，見婦女韓裝，上衣短蓋乳，下裳緊裏，行時提

起，甚美。有智姓女子面臉圓秀，更美。出，遇吳大
鈞，同坐車至公園餐廳二樓正中書局編輯會，余提教課
書訂正意見獎金，劉真提時事補充教材，陳可忠提科學
名詞之續印，鄭西谷提三民主義之印行，余提實用教課
詞彙之編輯等，甚暢。今晚本擬茶點，定座西餐十六
客，余作調停，吃十二客輕而不飽之菜，下次開會一次
有吃一次沒得吃，以免多吃弄錯。茶點每客十五元，
西菜二十六元，相差亦不多矣。十時散會，挾書步行
歸寓。

8月16日　晴

　　晨吃昨日送歸之餡兒餅一枚及自西餐館攜回之麵包
兩個、粥半碗，已覺過飽，近日便黑糞，宜當心也。十
時到立法院向閔劍梅借得汽車，往松江路一百廿七號尋
雷殷，不得將款，遇於松江路口，各下車立路旁，余交
伊款，伊交借據一紙，極巧捷。歸，至自由中國勞働同
盟，京士不在家，同狄家銑、張曉岩談。出，至貨運服
務所拉朱育參至耀錦寓便飯，飯後歸臥，三時許錢石年
來。六時至鐵路局候錢中岳，同至青田街三巷六十六號
鈕長耀宅，客少。余出尋永康街七巷洪亦淵未得，訪洪
叔言，蘭伯臥病，洪夫婦貧病交迫，殊不了。出，至顧
健德家，候伊夫婦同往長耀處飯。食前後坐矮藤椅在亭
中納涼，有鎮江陶君娶洛社陸夫婦一對共同笑語。菜以
滷蛋及奶油白菜及雞雜為佳，紅燒肉醬油過多，火腿雞
湯雞瘦、火腿未酥，皆不彀標準。成椿領三孩復燒成，
此席殊不易矣。出，同顧、錢到孔凡均家，小兒方病。

到鄭味經家，已懸帳將睡，略介紹即歸。三輪車上得暢風，錢中岳樂之。得王豐轂八月十一日書，伊女維洙將到台服務，伊八月下到台，轉來七月卅一日炳弟書，消息多不佳，摘錄如下：

（一）弟診所每日有兩三人來借錢，其人為舊同事或同鄉親戚，應接不暇，無可如何。顧純一幼女割乳癌，住院兩月，助以三十萬。戴霖臣幼女嫁錢景川子，霖臣夫人向炳借二十萬。謝秉泉一年無事，錫弟留學曾向伊借款，伊竟提起。

（二）姊名下及吾家各親戚無人不窮，如狄叔雲、斗南、根叔嬸娘、潮哥嫂嫂、王錦裳等，如給資幫助，以弟觀察，姊與各人各 100 萬至 150 萬之譜。

（三）震款中已購切麵機一具以事生產，所得款年內可無憂。

（四）滬太破產屋基已出售，朱穀生、吳仲裔早已脫離，朱愷老焦頭爛額，仍住延平路延平村廿三號。

（五）后學詩因吸鴉片在囚禁中，學裘挑糞，學箕喪子又窮。

（六）程寶榮生意尚佳，顧震白三娶又生一子，孫伯修、李華修在沙頭耕田。

（七）紫薇思想前進，每日開會討論，今夜又去參加八一建軍節，在跑馬廳露宿。

（八）奐已到南京，八日內入北京。

8月17日　晴

　　晨食燒餅及生煎饅頭，希望有人來，請吃一半，終無人來吃。蔣孝佐奉總裁命給余新台幣兩千元，侍女於上午十時回說余不在，下午蔣君復來送款，至為歉仄。下午秦孝儀、陳以令、胡希汾、祝毓先後來坐，余於諸人去後作書覆書三，言助人款感心有餘而力不足也。回錦姪處，飯後同秦君赴錢家八圈，探斗醉甚，余得償舊所欠。回寓將十二時，睡得甚安。昨嘉義有警報，今日香港炮還擊共匪。

　　諸家之外，有何聯奎（子星）來述伊被任中華書局總管理處主任事，前日姚志崇所譚亦為此。爰有戴軼羣（祥驥）在段書貽時為中央訓練委員會總務處長，後改入青年部為總務司長，後為浙江省政府委員、國大代表等，去年在港依姚志崇，志崇為介紹李叔明，來台設中華書局總管理處，而今為主任。戴向分處索文具交際費一萬元，分局經理許實年攻之，由是發動告發許通連奸偽，判徒刑十二年，又為分局購屋侵犯分局權限，姚不直之，來余處訴苦。今日子星云戴往杭州任事後不即辭青年部總務處長事，青年部交代不清，又在杭州攻擊雪屏，此人真是變壞得快。余悲段書詒用人向來謹慎，劉瑤章、戴軼羣是兩員大將，竟成可議人物，不怡者久之。

8月18日　晴，下午曾雨

　　晨可以寫作，而下午熱甚，至不能寫字。記卅八年軍事失利，各城失陷月日畢，尚有外交失敗未記也。下

午睡起，吃扁豆泥，過油膩，後當慎食。五時浴，浴後入中山堂理髮。理髮後走台北賓館參加大陸救災會招待菲律濱華僑代表，代表捐菲幣十萬元、美金五萬元，方希孔等開盛大園游會以歡迎之。謝徵孚招來女士任招待者二十餘名，加以立監國大代及各人之太太，女人特別多。余與奚志泉繞湖對面一周，奚新任新生報外勤，體力似吃不消也。六時半同京士、水祥雲同車，余至鐵路局候秦、李、錢，至錢家打牌八圈，余勝。

8 月 19 日　晴

晨吳迪來譚，同伊到舒蘭街各省市同志兩寓訪問，小者乙寓住九人，姬鎮魁，大者甲寓，半榻榻米，兩所合一，住戴志鈞、李凌漢等，余各與論譚一回乃出。便途又訪王新命，譚台大醫院之漠然不聯絡誤害病人狀，中央日報對王尚有照呼。下午王雅來譚。五時浴，浴後陸福廷與莫葵卿請立法委員，到李雅仙、梁棟、佘凌雲、孫桂籍、吳祥麟、江一平、周雍能、郭德權等，菜味頗美，諸人均愛。園庭會散，與葵卿、啟文坐久，至十時始散。

8 月 20 日　晴

晨攜豬油豆沙包及蘿卜絲餅至孫秀武處，食之譚笑，頗暢。出，到吳稚暉先生處，天熱，伊但昏睡，余入門視之，方裸坐，未與譚。陳次仲講阿里山無可游。出，到浦城街答拜鄭彥棻，未晤。到王鴻磐住處，吳觀海夫婦輪班害病，吳所患為氣喘及右臂酸痛，方打金

針，見余無病，仰若神仙。楊佛士及其表弟趙安世方在
觀海處，余於賀君山家晤姚大海，並往訪白瑜，告放發
款項計畫。在居先生處飯，得閱張岳軍答雷嘯岑書，政
學系早已解散，伊從未有小組織。在居先生處飯，索一
蔥炒蛋。飯後諸人呂宋排九，余種田無所獲。三時半至
師範學院參與崑曲同期，晤趙守鈺先生，食餛飩。到顧
儉德家大便，談洪叔言夫婦乏人照料，無可為計。再至
居先生家飲其姪訂婚酒，飲白蘭地兩盃，新小姐諸暨周
氏，長身闊體，磐磐大才，居叔寧極活潑。席散，陪張
懷老馬將四圈，懷老夫婦到寧園小坐乃別。夜睡至酣。

8月21日　晴

　　晨往黨部出席紀念周，陳誠報告台灣重畫行政區域
之經過，攜內政部民政司司長高應篤先作報告，陳作補
充，紀念周新花樣也。十時搭辭修車回寧園，中午回錦
寓食臭魚，昨醃之海鱸魚，今日發臭，蠅蛆皆集，味則
佳妙。下午睡起，劉象山、李達三來譚。訂正要邑淪陷
表。夜飯後同啟文、李景蓬在錢家打牌，夜深始返。
　　高應篤述台灣省調整行政區畫之要點：
（壹）日治時代大正十五年之規畫為五州三廳，後以
　　　過於地廣人眾，又別為五十一郡二支廳，以輔
　　　州郡之不逮，但無相當職權。
（貳）大縣制在行政建設上有相當之優勢，惟其他縣市
　　　相與比較，未免大小懸殊，且不利於地方自治之
　　　推行。

（叁）劃為十六縣、五省轄市：

> （一）台北縣畫為二縣：台北縣設板橋，宜蘭縣
> （宜蘭市）。
>
> （二）新竹縣畫為三縣：桃園縣、新竹縣、苗栗
> 縣。新竹市合併。
>
> （三）台中畫分三縣：臺中縣（豐原、台中市）、
> 彰化縣（彰化市）、南投縣。彰化市合併。
>
> （四）台南劃分三縣：臺南縣（新營）、嘉義縣
> （嘉義市）、雲林縣（斗六）。嘉義市合併。
>
> （五）高雄縣畫為二縣：高雄縣設鳳山、高雄市，
> 屏東縣（屏東市）。
>
> （六）澎湖、花蓮、台東三縣及台北、基隆、台
> 中、台南、高雄五省轄省仍舊。

（肆）督導委員會主張因竹山區改畫至雲林縣，一髮
牽動前局，其主張為：

> （甲）原台北縣屬之萬里、金山兩鄉，因水源關係
> 劃歸基隆市。
>
> （乙）原新竹縣之湖口、紅毛兩鄉劃歸桃園縣。
>
> （丙）原苗栗縣之通霄、苑裡兩鄉劃歸台中縣。
>
> （丁）台中縣治原擬設豐原，今擬設在清水。
>
> （戊）原台中縣之霧峰、太平、大里三鄉（即大
> 屯區）劃歸南投縣。
>
> （己）原南投縣之竹山區劃歸雲林縣。
>
> （庚）原雲林縣之北港區劃歸嘉義縣。
>
> （辛）原高雄縣之小港劃歸高雄市。
>
> （壬）原高雄市之南梓鄉劃歸高雄縣。

（癸）高雄縣之美濃、六□、瑪雅、多納、雅爾
　　　五鄉鎮劃歸屏東縣。
　　後採取變更現狀較少之區畫，除一大縣畫為二縣或
三縣外，縣與縣之間不再彼此劃割。採取參議會通過之
案，督導委員會改畫意見留作將來地方行政上重要參考
材料。

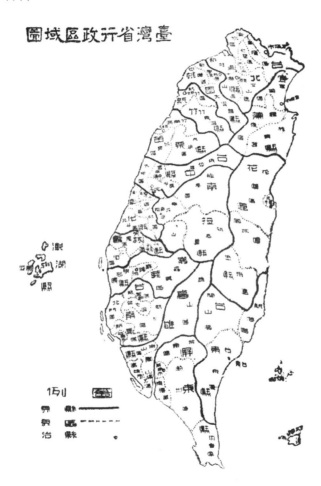

8 月 22 日

　　晨十時搭王健菴赴交通部車至總統府，在許靜芝室同靜芝及立吳閒譚。總統約十時三十分召見，因中央黨部有會乃不能來，余與同召見者黃樹水（基隆市參議會長）及朱品院（主任祕書）譚台灣同胞應節飲及使過節拜拜經濟衛生合理兩點，黃、朱以為然。十一時半，同靜芝在府中官兵食堂吃冬菇麵、十景炒飯及木樨肉，木樨肉過鹹無味，餘均過得去。食畢，同召見者又來江一平、陸京士、蕭贊育、任卓宣、白瑜、羅家倫，譚笑均歡。十二時一刻見總統，伊命余為紀律委員會副主任委員，佐李君佩先生為黨服務，余求為財務上工作，伊云姑暫任此，日後再說。總統又令余勸稚暉先生移寓草山，謂九月台北更熱。余語總統：（一）公務員待遇過低，一凜於抗共反俄大義，二鑒於政府困難，說也白說，故默默不言，但確是困難，小困難無法補救，大困難另有辦法，皆屬不妥，請總統垂注；（二）抱才來台者與攜財來台者不得就，更不能謀得生活，日久不妥，請總統令行政院注意。余出，諸同觀者問狀，若小學生考試後互問題目，出府如放學。余同京士赴濟南路江一平寓飯，有炸魚及乾燒青菜，頗佳。伊夫人□□蘇州話，黃面孔，頗善持家，一平新寓頗整潔也。飯後歸臥，祝毓來商紀律會中事，劉象三來問訊。飯後赴稚暉先生寓，伊云八十一度之上伊吃不消，到草山受供養亦意不過，余明日先往一觀再決定。出，訪李向采夫婦，室不通風，方苦煙爐中，余勸往銀橋吃新店溪河邊茶。半輪初九月，坐躺椅中，茶味亦不惡，惜無樹陰，燈光

亦不足，但外江口音之人紛至，後來者無椅坐，余等起立，三躺椅為兩幫茶客搶去，可見台北無其他好茶座也。茶僮云去夏在植物園先收茶資，客不悅，躺椅為青年愛人攜去在林陰深處，翌晨四出尋找不全，難以管理，今年所以來河邊也。秀武坐三輪車上及河邊，得風稱快。

8月23日　晴，午後陣雨

　　晨發致震弟書，錦帆信附去，主要為三姪女重慶無消息，設法打聽。十時半至立法院，擬打聽下月發錢數目，值諸主管舉行事務會報，不得消息。步延平路騎樓下，回錦姪處飯，今日停吃臭魚，恐敗胃也。回寓睡，睡起梅必敬婦沈來譚梅受訓近狀，起因竟為了索詐，原告秦福民曾為怕成誣告，賄調查者美金三十元，後秦君將其事告梅汝璈之弟□□□，為將調查者法辦，至今未釋。此人既繫，謂為梅案非誣告，而令各機關再調查，於是索詐紛至。有索雨衣者，梅以自己雨衣給之，有索自行車者，梅購自行車給之，不數日此自行車已入拍賣行，最後則保安司令部中人索六千元，否則數日內將拘捕，余等以為恐嚇之詞，而數日內果夫婦遭繫。余父為大法官，函王寵惠、石志泉作書彭孟緝及向主審者言之，始得因罪嫌不足而判無罪。狄老伯請免受訓之書，陳誠已交去，有人簽可照辦，有人簽應受訓，結果仍是受訓。現龐德來華，梅如釋出，可為國家盡力，乃索詐團體之力大無窮，真國家之隱憂也。余慰之，沈吃菉豆湯始去。陳次仲及凌海以車來，同至後草山官邸問供吳

先生住之屋何在，云須至陽明山管理局施季言局長處詢明，余等入局，覺局員眾多，以理言下級機關人手多為民治之盛政，但以工作論恐人亦嫌太多。余在局中晤施兆貴，南通人，派人引余往警察局旁陽明路七十五號之房，房有一樹蔭道入，外觀雖矮，布置已精妥。余主擇較大之一間為吳先生臥室，旁一室可寫字，寫字間旁一室可浴有廁，極為方便，餘室可供同往者住宿。在此室余遇施季言傳吳武官語，請余再至後草山，時草山已雨，而後草山則晴。坐總統會客室中，諸舊相識之隨從均出與余譚話，云余最關切他們，余聞此言，想舊人自廣東隨至今日亦不多矣。少選，總統衣白夏布長衫出，余等三人均短衣不整，目的在看房子非謁見總統。余介紹二陳，謂均吳先生之學生，並申述吳先生語。總統允諾請今晚即上山，余答以明晨。總統云吳先生之起居余極關懷，本命經國做此事，經國往馬祖島去，勞君武完成此事，謝謝你。出，在吉卜車上遇大陣雨，至士林園藝試驗所而休息。先晤劉大悲，坐會客中，星期日總統夫婦之臨時禮拜堂也。人悲夫人久病，小孩亦病，一禮拜來始感平安。譚總統以星期六來住別墅，不來住之日墅中吹彈歌唱，殊不成體統。又園中所植試驗果木，如檸檬等悉被摘去。余允得便言於蔣夫人。余等吃冰棒，並與陳所長論蘭色，蔣夫人及蔣碧微均愛綠色者，實則黃色者為貴，余所託栽培之蝴蝶蘭四棵活兩棵，明年可得花。雨霽，余等歸，吳先生允明晨上山，惟恐折福。余歸飯，飯後覺疲，浴後即睡，二起溲，得三鬆，天仍熱。日間吳先生數問余是否同住草山陪伊，余允多往山

探視。念師弟之情珍於耄耋，往時蔡先生亦多露顧我勗我之情，即徐少逵太先生亦多露此意。枕邊偷淚，國危世亂，志短心庸，無以答生死恩情也。

8月24日　晴，夜陣雨

晨祝毓來，余方食蒸餃，商工作計畫。十時余至立法院與覃勤、閔劍梅、胡濤（字靜之）譚，知中山會堂無法裝扇，祇有植冰塊取涼法，人多雖有冰，不覺其涼，故開會宜在十五日之後。薪供分兩次給，一日可得六百餘，十日可得八百餘也。余訪胡鈍俞，伊住昆明街七十二號，余誤為七十五號，未能尋到。又訪陳惠夫，知立夫已過伊拉克，沿途不言黨務，而問之者仍不少。余問周佩箴，又回香港矣。歸耀寓飯，本日治菜過多，錦亦焦急。飯後臥，沙頭兵吳龍元又來借錢，未與。朱品三、廖世勤來譚，品三已遣散，世勤謀事無可得，在台灣謀生傷腦筋也。五時至三條通吳保容家，伊公路總局尚未裁撤，伊夫人須往婦女會縫衣，老媽子又走了，竟日工作，甚苦。在伊家飯，購叫賣牛筋，味佳。夜飯後同往七條通五十八號徐燕謀家譚，曰歸至早須明年冬日。歸時忘失皮夾，小葉為到徐家取得。夜早臥，因電燈熄滅，張懷九先生來譚，則在燭光中，張先生歸，電光又明。秦啟文今晚因秦錫綬將訂婚福建人魏小姐，伊將往高雄作主婚，精神興奮，又因鐵路局宿債將清，而任顯羣又因省庫困難，九月索八百萬，極為氣憤。

8 月 25 日　晴

　　晨起身尚早，報載今冬之國民代表大會臨時會因三分之二代表身陷匪區無法通知，且不能自由行動，總統代電行政院緩予執行。代表總額為三〇四五名，截止八月十八日止，在台者僅有一〇九〇名云。九時王介民來譚，九時半在徐向行處，陳東星私賣公車案內之戴郛竟判徒刑七年，今日宣判移軍人監。余寫一片請戴忍耐在繫，是非外間明白。十時拜李君佩先生，鄧亞魂先賀我，余與君佩先生譚，並款余早點，謂紀律事當工作於事前，持平於事後，李先生則云為政不在多言，求治不必太速。出訪于右任院長，報告最後事。歸車載老監察委員白雁峰（瑞），云監察委員百變不離其宗，繞圈子講話，結果為的是錢。

　　中國一周載台灣鳳梨種苗多係夏威夷、婆羅洲等處的 Smooth Cayenne 和 Sarawak。宜栽鳳梨之地，全臺為五萬餘甲，戰前最高紀錄為一〇、三九一·四八公頃，現為三、一八〇公頃，發展極度可換一億美元。

　　鐘錶發明於一五八二年，係意大利發明家加立留十八歲在畢薩省偶然觀一盞燈繫於長繩上，在擺動時擺幅的逐漸縮短，他鑒於擺線愈長時擺動愈慢，而在擺線愈短時擺動愈急，擺線雖有長短，但是擺動所取之時間是相等的，引進了他創造時計的興趣，到 1876 年瑞士始有鐘錶出現。鐘錶製造廠需調節空氣環境，室內的溼度為百分之五十，使機件不至於銹蝕，氣溫常保持華氏七十五度，使手指常在靈活狀態工作。

　　下午得中央改造委員會台卅佳改祕人八八號通知，

改造委員會第九次會議派余為紀律委員會副主任委員。
夜得參加祭孔通知，廿七日上午十時在介壽館大禮堂，
中改會共得通知三十張。王豐穀同朱鍾祺來，豐穀乘
船自香港來，贈余橘及蘋果，余極歡悅。夜晚後秦啟文
邀出外茶，未往，浴後即睡。閱自由談，方豪介紹明季
三大旅行家，徐霞客之外為陳季立、郁滄浪，滄浪名永
河，杭州人，季立名第，連江人，俞大猷之門生，戚繼
光的部將。

8 月 26 日　晴

　　晨劉象三來，同出外食蒸餃，上中山堂三樓觀鄭成
功史跡展覽會，鄭氏家世、出生地、墳墓圖片、史跡地
圖及說明中文、和文，有關魯監國及鄭氏書籍、鄭氏遺
墨、荷人投降模型。余所最愛者為「鄭氏」似玉印之
印範拓本，古雅舒適。今晨布置未竟，約日內再往觀。
出，往信陽街瑞三公寓訪孔達生，尚未到台北。余入萬
象觀墨，無佳者，有康熙二錠、乾隆二錠，索一百廿
元。又入一書店觀石章，有尺寸較大之乾黃二塊，索
六百元，白菓凍青田二，索二百元，皆不能還價也。回
錦寓飯，今日三菜頗可口，洋蔥炒豬肉絲未加水，頗
嫩。下午睡，睡起陣雨，雨後同劉象山坐三輪至孔廟，
考試院暫遷廟後國民學校，廟中洗掃一清，鐘、鼓、
琴、瑟、旌節、干羽、柷、敔、編鐘、磬、豆籩、俎牲
皆已陳列，有魷魚一器，殆方物也，樂器以管為佳。執
事者咸敬恭，準備為內地所不及。出，尋陳伯稼、成惕
軒未遇。搭雷祕書長車入銅象台旁仙華樓飯，菜尚可

吃，食畢至公園茶，茶畢返寓。李向采夫婦引徐崇達來
坐，坐客廳，南北窗有過堂風，坐草坪，燈光亮，茶煙
佳，蚊香避咬。上樓，窗明几淨，書硯整潔，各人稱贊
一回乃歸。

君武先生帳冊綜記卅八年失土月日讀畢賦此　盂縣劉象山
後序存金石，建炎有繫年，
君真能主簿，以此續長編；
大劫飛灰外，中興作頌前，
幾多悲憤事，讀罷淚潛然。

　　晨於中華路棚戶見警察局中人挨戶訂木方塊門牌，
每塊收　元。

8月27日　晨晴，下午雨

　　起身尚未六時，候日報久之乃得。鄭澈來贈橘，云
將出售泰順街屋而租鶯歌鄉間屋，余不然之。出，同往
介壽堂，余忘帶徽章及入場片，執事者允補給。最早到
者為余家菊，余晤吳治普，稚暉師前日往微燥，昨日
往視已著衣，感舒適矣。姚琮來，余與之兼同但植之論
詩，工對仗而無意義者，總不算佳也。十時總統領導行
禮，于先生講大同篇與共產黨所作所為不堪作對比。會
畢，拉張星舫同乘張懷老車到懷老寓講二義，張謂游擊
隊之重要，又謂平均地權不是奪完小資產階級。懷老云
法家祇有國家思想，而儒家則有社會觀念，士尚其無恆
產而有恆心，土地主張一夫百畝，反對兼併，工忌奇技

淫巧，商不許壟斷，此乃調和辦法，共存共榮，與階級
鬥爭之用意正相反。余仍說在國家看來，不能生存之人
便入於救濟一類，自農業言之，不能祇承認用體力者為
耕者。出，同星舫歸寧廬，談湖南同志之為游擊，有明
譯榮在雪峰山，曹振亞在永興龍山，瞿北平、師興周，
師同志行為有似土霸，希望行正道後得歸正也，明同志
極可佩。又譚伊與余廣州相別後事，初回常德聞湘省
府將以第八區為退守之處，第八區水旱無交通，余不
然之，主以沅陵、乾城、永綏劃歸宋希濂管轄。七月
十六、七日至長沙，言於程頌雲，頌雲言宋無良，故不
能與之，其時頌雲意已變動，而陳明仁尚忠誠遇我。及
李明灝到長沙，陳明仁為之說動，大概言共產黨必成
功，而諸人希望政治終比國民黨佳也。湘變後余往乾
城，曾往芷江晤王達雲（杰），衡陽謁白崇禧時，畫沅
陵為宋管區之說已須由國防部決定，而沅陵空城未幾亦
陷。余一度為湘省府委員，志在籌復失土，九月初到恩
施為宋希濂之決策委員。殆巴東失，宋軍議保黔江，而
中樞命守利川，利川無可守，兵力因之分，宋部惟陳克
非能戰，旋亦動搖，於是退彭水中。國軍所怕者為被敵
軍包抄後路，而共軍之最擅長者為後路包抄，幾於無往
而不被包抄。宋乃改旗號為復興軍，擬往宜賓，宋不知
其補給司令是共產黨，終為其人俘虜。余自重慶擬再隨
王達雲流轉，值王君柳州大敗，所部三軍餘一，勸余往
海口為設海口辦事處，余至海口再與君相遇，後來台
北。宋希濂誠坦遇人，機警不足，貪汙則絕對受誣，一
朝兵敗身俘，天下之惡皆歸。余所目睹者如是，不能盡

人而為之說明云。飯時張先生另有約辭去，時天雨，余
即在寓同盛君中飯，秀妹燒魷魚、燒白菜及番茄豆腐，
頗有味也。午後雨甚，王小姐、馮夫人到寓看雞雛為
歡，關竹管為食槽，中貯水盂，雛踏鐵絲網，糞下漏於
洋鐵板以便抽洗，懸電燈於其中以增加溫度，此乃特製
之雞塒，遠望若小棺材。然雞雛每隻三元五角，翌晨數
之成十九，又翌晨祇餘十六，疑老鼠拖去作點心。昨日
起上蓋板，晚間移任憙曾房以為戒備，今日無損失。余
又同錢中岳、盛鑅開無線電收音機。入晚往喬家柵飲酒
一斤，食醉肉、臭豆腐干、花生等，又至真北平燒餅、
片兒湯，乃歸浴。本日初戒麻將，曾打電話與王夫人、
錢探斗，均勸往看看，以免坐雨無聊。雨甚不能往，余
亦不敢往也。

8 月 28 日　雨

　　晨往黨部參加紀念周，第四組長曾虛白釋本黨為革
命民主政黨將於中改論定，此外今後工作重點，第一要
建立理論基礎，第二宣傳要配合事實。會畢，余尋楊佛
士、胡希汾，略講話即返寓。立法院遣人以一車載油
鹽到寓分發，余親收後提油瓶捧鹽到錦寓飯，吃蝦仁炒
蛋，飯畢即返，未見文耀。回寓臥，臥未醒，孔達生偕
劉象山來，吃煙、品茗、寫字為樂。下雨陣甚一陣，無
可游處，乃往喬家柵飲酒一斤，達生胃痛不能多飲，即
走衡陽街一回，至公園旁乃別。余上黃堅寓談段書詒、
張鼎九、查士鑑、張柱中事，頗多可悲。至七時天仍大
雨，出外尋購油傘不得，遇沙頭人吳龍元軍服，狼狽街

頭，口稱往鳳山往高雄，贈伊十元。坐三輪車入公園軍
中之友俱樂部，應財政部長嚴家淦招立法、監察兩院之
財政委員，意在於赴巴黎貨幣會議前徵集意見並有所報
告，余於食魚後即離座。至中山堂觀政治部康樂劇社演
鄭成功四幕六場話劇，初幕鄭成功被詔進宮賜國姓，鄭
芝龍、黃道周之對話嫌長嫌多嫌慢嫌複。鄭芝龍搶食御
點明其有不臣之心，芝龍自奉甚厚，何至餓得如此，劇
情宜云謝表有意使宮女獲罪，以御點獻殷勤進芝龍。第
二幕最精彩，捨父報國倫理上內心選擇表現得明白，惟
謝表搶宮女宜於第一幕伏一線索。第三幕婦女獻金太以
今情作古情，軍壘布景而以婦女插湊其間亦欠自然，永
曆再賜上方寶劍已屬多事。布景近岸處祇宜露四五懸
檣，檣梢宜插紅地白鄭字旗號，遠處有一二風帆，今有
兩三滿蓬船靠岸，港口上情況實不然也。第四幕祝豪身
為天興知縣，何事以大秤入小秤出，殺之以立威亦嫌太
甚。本幕悲壯有餘，情節尚嫌不足，尤其與最初一幕相
比，輕重懸殊。加一段林英與鄭延平對白說大陸游擊隊
紛起，眾望延平軍反攻為盟主，林英宜一句逼一句，鄭
成功宜初謙損而入後果決，然後以誓師作結，則全局較
好。演至十二時四十分鐘始散，坐車歸，天又雨。

　　黃振玉（堅），民六入北大，五四時已婚，洞房在
嵩祝寺夾道，余曾往焉。去年來台北，一女為新生報外
勤，得面對公園之房二間，余遇有公園靠近之應酬，訪
之為待吃計，且談談舊事，致足樂也。今日時間充足，
天雨別無來客，談下列三則：

　　段書詒：黃堅為江西省參議員，活動監察院監察委員需十四票，當選期近，黃堅謁段錫朋宜決定態度矣。段仍囑黃勿放棄，大家弄弄。段所託選舉經理劉毅庭永新人，羌無實效，參議會內託新建熊惠民力量亦弱，而錫朋又電王枕心謂選舉得失隨便，眾心益懈，其結果黃、段均落選。

　　張鼎九：張鼎九（鑄）安徽天長人，畢業北大工科採冶門，圓臉健體，功課、體育皆最優，以友人介娶宣統師傅袁勵準姪女，開封及張家口中國銀行行長袁永（？）江之長女行潔為妻。不一年，張鑄病瘵，行潔引同學到家行姦，鑄撞見極氣忿。張庭濟亦住其家幾時，庭濟離其家，又曾召黃堅，堅不敢往焉。至逼張鑄與之離婚，張鑄送行潔至北京，將隨高欵欽（魯）赴法。鑄向人仍不言已離婚事，袁上船而強姦葉南成夫婦。鑄歸天長，信佛法，鬱鬱以卒。袁自法國歸已為葉楚傖媳，欺張家無人，熅離婚書，又至張家分得家產，又撫一姪為鼎九後。在葉公館有麻點之小孩，四太太呼為拖油瓶者，非袁行潔出，乃袁行潔索詐之道具而已。行潔之四妹行為亦浪漫。

　　查士鑑：為陳伯年先生之內弟，與從堂妹查曉園相戀，生三孩皆軟足不能成立。張庭濟（柱中，元配不如意死，繼娶有兩男兩女）與士鑑為密友（看球案以打彈子技術結合），知其苦，銳身願娶之為士鑑頂鍋，仍不許。士鑑服照相用之毒劑自殺。

8月29日　晨雨，下午陰

　　晨起身早粥後，倦復臥。移時劉象山來，約往瑞三大樓尋孔達生及其女惟鄂、子惟益，同往北投訪陳濟棠，並晤陳夫人及其女。天雨，伯南先生送客殷勤。出，訪甘珠兒呼圖克圖，晤錢公來、鄭恩普等。天雨，在佛殿聽簷溜，望四山皆濕氣，峯巒倏露倏隱。庭有曇花，已開過一次，第二苞已大，不知以幾時開也。歸市，在仙華樓飯，蔥扒海參參平常，炸八塊雞無油，木須肉肉絲如槇，敬菜雞絲湯有怪味，僅豆芽拌粉皮、扒絲香蕉尚合，達生大笑。歸寓睡，六時半至錦姪寓，告伊有以金姓者自上海來，聲言有三叔近訊，既來則僅說生意困難而已。八時半中央黨部餞威廉博士，本黨國大代表集黨部開會，出席者百人，對臨時會之不開有異詞，張其昀、沈昌煥、郭誠視其貌皆疲矣。余又晤王星舟，今為第一組之副。

　　得溧陽雙江中埂民豐糧行狄洪昌、狄勛所作書，勛在溧陽一年以來經營商業勉可生活，錫之進堂，諸先生常遇見，景況如恆，詠宮已返家。

　　民族報載英國警察敲詐案，四答案：一、付錢；二、逃避；三、自殺；四、將敲詐者殺死。美國權威家估計，每二十個被敲詐的人其中祇有一個有告發的勇氣。紐約警察紀錄，所有業餘的敲詐者都被拘捕，但職業敲詐者未必被捕。

　　一九五〇年夏季號我的健康載，論睡床休養並非百利而無一害之治療方法，如頭部受傷，如心病，如肺炎，如各種外科疾症，均可不必悶睡。

西藏地震連續已十三日，有地質學家說喜馬拉雅山可能再長高，廿七日飛行員往來於駝峰者云有整個山脈突然不見，地形確已變化。

美國杜魯門總統於廿七日下午撤回麥克阿瑟之聲明，麥帥對美國對外作戰退伍軍人協會年會所作台灣軍事地位重要，以軍略利害之相互比較。其言曰，吾人如堅守一條太平洋海島防線，或可獲得和平，設若失之，則戰爭實係無可避免。又曰，太平洋一連串之島嶼，吾人用空軍力量實可控制由海參崴至新嘉坡每一個亞洲海港，及阻止任何敵軍進入太平洋。麥說明云，來自亞洲之任何掠奪性攻擊，一定用兩棲部隊進攻，任何兩棲部隊如不獲得此一海道之控制權，及在渠等進攻之通路中在空中控制該海道，實不能得到成功。台灣如屬失陷，則台灣在此個防線周圍之中心將構成敵人一個突出地點，其軍事上之潛力將可再度充分予以利用，俾作為擊破及中和吾人在西太平洋之防禦制度。台灣如在此一敵對國家之手，則可以比作一艘不能沉沒之航空母艦及潛艇供應艦，處於理想之位置，以達成攻勢戰略，而同時又抵消駐在沖繩島及菲律濱友軍之守勢或反攻作戰行動。

8 月 30 日　晴

晨本擬有所工作，象山來譚，寫上北投訪陳伯南詩，遂輟。食蒸餃，泡茶飲之。回錦姪處飯，文耀以未滿三年不能得簡任祕書，余慰之。回寧樓午睡，睡起李涵寰來，第四組有用之之意，而軍中電台不許余為之作

書，鄧雪冰請為說情。

將出門，錢石年來。余至台北賓館，遇陳辭修，為言劉象山求為設計委員位置事。本日中改招待本黨立委，谷正綱、張其昀、陳雪屏為三法師，陳誠為監壇，鄭彥棻為引贊，旨在通過中國國民黨立法委員臨時黨部組織綱要，其大要為於第六會期開始時舉行登記，以黨員十五人為一小組，按席次號順序編成之，每小組互選組長一人，即為本黨部之改造委員，互選五人至七人為常務委員，以實行黨國所有事，用意在以黨部控制本黨。立法委員忘記了改造案卅一條所云應從政策上領導，而不得對其法定職權予以干涉，發言者甚多，予不便講話。於休息食點後，陳以令用車送歸。在錦姪處飯後即歸寧園，悶悶不樂乃睡。

8月31日　晴，下午陣雨

晨戴志鈞、劉象山來譚。十一時至公園角臺灣廣播電台參加廣播公司董事會，先舉行常務董事會，未有決議，改開董事會。李君佩、何敬之、吳鐵城、董顯光、朱騮先，午刻總裁招飯先退。余與桂永清、葉秀峰、陶希聖、沈昌煥、張道藩、吳道一等討論董顯光所提四案，大抵裝置粗就，努力已殼，而政府不能按照合約充分撥款補助，美國人見不是辦法，意欲以美金補助而不好意思接受，惟援華團體專機送來大型發射真空管、空白灌音唱片及手提鋼絲錄音機則已收到。全公司人員二百五十四人，工五十人，年設五萬金為獎勵優秀人才之用，如照普通待遇，養不住有能力之人才。又議收收

音機執照及月費，由交通部洽定辦法委託本公司辦理。
議畢入樓上有冷氣設備之播音室，飯錦江，菜 120 元一
桌，穌鴨、湯雞祇可看看，僅有田雞茄子可吃，食畢又
進西瓜。沈昌煥講英語笑話「兩個可能無所畏懼」，又
擬約江蘇人吃飯乃散。余搭張道藩車至雲和街下車，天
將陣雨，先落幾點做樣子。余幸尋得七號，王豐穀正晝
寢，談顧蔭亭、朱經農、蔣竹莊、楊衛玉、吳研因諸人
事，天方大雨，余且聽且睡。比醒而庭窪水滿，簷溜如
注，雷下霹靂，行不得，臥不得。余見外間牆上有攀緣
植物，對之寫生，不知古人畫牆之法，不能起眼。豐穀
贈余洋毫筆三枝，又交余畫三、斐玉離婚書攝影片底一
張。余挾諸物，以繩縛拖鞋，出浦城街，見亞陶在李君
佩寓前，不願坐他，在街口見齊世英，世英見余鞋發
笑，余坐三輪車返延平北路第一劇場。返耀寓，今日耀
生口，下麵，食雞及蝦，略飲酒。麵畢到榮元，得崑山
同鄉照片及于景讓「台灣之水利問題」，于君所著四
篇：（一）台灣之河川、（二）台灣水利事業年譜、
（三）台灣水利組織之沿革、（四）台灣水利關係文
獻抄。

　　得陳誠書，梅必敬本年六月七日交新生總隊管訓二
年，現受訓不久，尚未收感化效果，認為仍有依照管訓
期間繼續感訓必要。

　　得狄詠宮八月十九日溧陽書，溧陽情形夏收後稍形
好轉，倬人仍經營米店及碾米廠，境況尚不惡。進堂診
務及藥肆營業皆不如前，錫之精神尚佳，地方公益皆盡
力相助，但生活較艱困。

　　滬太汽車公司自去秋起即因營業清淡，勞動力過剩，收支無法平衡，開始借債度日。今春營業銳減，維持益感不易，員工薪給僅能發至半數。至四月初員工為公司之生存計自動減薪，以輕公司之負擔，同時要求公司籌措資金增加生產工具，爭取營業之好轉。董事會乃有向各股東借資金之決議案，股東在卅萬股以內，每股借兩元，卅萬股以上，每股借一元，依照決議而繳款者祇有唐蔚芝、張登義、蔣育仁諸人，得款僅一百四十餘萬元。七月初疏散部分員工，疏散費無著，員工薪給積欠亦無以償，乃出售公司所有房屋，售價至廉，以之償還外界之債務及疏散人員之欠薪，所餘無幾，仍無餘資添置生產工具。疏散人員於公司發還之欠薪中貸與公司二千萬元，指定為增添生產工具之用，至七月十九日始告解決。關於疏散問題，公司原意為無條件解雇疏散，既無期限，又不予適當之照顧，幾經協商，並經勞動局調處，始定期為四個月，疏散期內給予依照留職人員同等薪給實得數百分之卅作為生活費，欠薪則全部發清。公司年來腐敗不堪，紀律廢弛，無賞無罰，好壞不分，各單位之負責人因感於工作之困難，紛紛求去，公司前途殊難豫測也。

　　吳仲裔先生現住杭州。

　　港報又譯你的健康 1950 夏季號，止癢特效劑注射藥名「米卑丹」（My-B-Den），是 Ernest Bischoff Co. 出品，原以治霍克堅症（Hodgkin desease），一種胸部與頸分泌腺中毒之病症，此症併發強烈之皮膚癢症，每天注射五次，每次兩克，須連續注射二、三天以至四、五

天，霍克堅症並無大效而膚癢肅清。

　　梁超以晚上來，求調伊到紀律委員會隨余工作，
余慰之，懷橘而歸。朱厝輪，輪者叢葬處，排葬，圓形
如輪。

　　Potasium Cyanite 係毒藥之一種，死於服藥數分鐘
之後，可免痛苦。

雜錄

錢猷才，崑山人，已回上海。

芮晉，杭州南路一段一三一巷十一號。

凌念祖，王峰伯寄孫。

周賢頌，易貨處經理，延平南路六十八號，六八九八。

黃蘭君，膺白女，婿沈璿，字義方，台大教授，青田街
　　　　五巷六號。浦太太說起，九月六日已告總統。

俞時中，2553 中心診所張院長轉。

張其昀，辦公 5521，家 4408。

凌銘（紹武），台航公司海津輪。

凌績武，中正西路一二三號公路台北段，住貴陽街二段
　　　　201 號。

楊興仁，夏駕橋人，臺北市博愛路廿五號。

沈階升，中山北路一段五十三巷四十二號，電話七八
　　　　七〇。

狄詠宮，溧陽碼頭街王回春堂國藥號轉交。

劉航琛，新生南路 143 巷 22 號。

劉象山，南陽街 15B。

戴志鈞。

梅必敬，和平東路泰順街十六巷二十九號。

楊坤林，北京東北園甲 53 號。

錫□□，江寧路 1383 號。

謝秉泉，新閘路 457 弄六號。

狄劍華，梵皇渡路中行別業 79 號七室。

戴令奐，虹江路會文路王家宅路末村。

姚志崇，長安西路 53 巷對門中華書局總處。香港九龍
　　　　施他佛道十六號。
劉卓吾，長沙清泰街五號，八月十日午後十時一刻生子
　　　　行炎。
鈕長耀，和平東路青田街三巷底新房 66 號。
唐希白，香港灣仔洛克道 115 號。
侯雋人、童慕葛，高雄建國三路一六七號三民國校。
周佩箴、陳藹士，香港英皇道建華街十九號二樓。
狄擎華，九龍荃灣益豐搪瓷公司三廠狄錫芝轉。
王子壯家，嘉義新北區興中街 148 號。
徐漢豪，和平東路一段青田街十二巷一號，二四一七。
陸京士，南陽街十八號三樓，二四三六。
張樸人，北火車站康樂路天目路天樂坊 33 號，7944。
路平甫，香港干諾道中六十三號二樓友聯運通公司。
劉象山，南陽街 15B。
繆培基，Mr. P. C. Miao & Mrs. Brewer, 30 Portarlington Road,
　　　　Bournemouth, England。
宋書同，台南市進學街三十號。
劉孟衢，基隆信一路中央信託局，2436。
唐亮（劭明），香港九龍城獅子石道二十號三樓周宅。
熊公哲，台北信義路三段師範學院附中，鳳山灣子頭
　　　　誠正二邨西二巷十四號。
陸之琳，台北羅斯福路四段農業試驗所園藝系。
呂著青，台南建業路六號。
雷孝實，重慶南路一段 136 巷 15 號。

中央黨部，二五一八，總機五二三四－五二三九，轉余

　　　　桌上 7901。

秦啟文，電話六三一〇、四〇二。

9月1日　晴

　　昨晚七月十八，月色晶瑩，寧園靜美，余已就枕，秦啟文喚余兩次，余擁衾酣眠，相應不理。與前晚余邀伊賞月，伊睡衣下樓，偕立露草中一回，余太貪睡矣。閱報後，遲至十一點鐘方往立法院報到，填表處職員在十分鐘後即打痒，自第一段交相片以至第四領錢條、配給條、圖章依次排列，委員摩肩揮汗，如小學生中學報名，年老委員弗能堪也。余故遲遲，得席次 229，印鑑次 157。在報到處遇陳成不能得表，而江一平比陳後至，有職員者一人送表，得填，委員間之紅黑有如此者。耀甥云報到日如不發錢，便無此擠，斯言得之。在耀甥處飯，後回寧樓午睡，睡起閱報，美對外作戰軍人協會出席代表四丁人，惋惜並反對國務院之現行政策，因其措施失當，已危害美國之生存，謂其人因愚昧及瀆職而造成外交關係上之失敗，應立刻撤職，並物色有愛國思想之新人才充任國務院工作，案經全體通過，而艾奇遜、詹森不理之。港報又載大陸六十個游擊單位有代表到某地集體簽名，試探獲取美援，此六十股每股人數在三千人以上，其根據地遍及大江以南及福建一帶，最近且與西南游擊隊溝通聲氣。在韓戰以前以第三勢力之姿態出現，反共反蔣，韓戰以來，已修正為擁護蔣總統，但反對國民黨內部之官僚集團及腐化勢力。美方願予以協助及便利，但要求獲悉其活動計畫。入晚又有杜魯門宣布韓戰結束，撤回第七艦隊之說，聞者憂之，余則以為自力更生與反攻大陸之佳音也。二時許王豐穀來約明晚雲和街飯，謂在香港錢守塘處得讀余不宜悉記不

可不記帳冊，上有人主義之序言，曾手抄兩份，一份寄其堂弟微咨，一份寄其兩女頗捨得用錢。微咨者得信後無反應。五時浴，浴後回錦姪處飯，飯後到永樂戲院參加第六屆記者節晚會，張明迎於門，蕭同茲招呼於隔座，余與陳博生握手，博生歎曰余已不是記者矣。錢羽霄移坐來譚，此外見吳道一夫婦、葉秀峰夫人，又望見孫芹池，芹池未見余也。節目凡三：

（一）朗誦詩三首，錄取第一名，軍人頌、記者詩為佳，誦得均不佳。

（二）電影黛綠年華，述一青年境況不佳，奮鬥讀書，增加余之勇氣不少。其字幕曰，「不生活於奮鬥，乃生活於煩惱中耶」，少年在學校中受同學欺侮，其外曾祖父教之鬥亦是也。余惜未教亡侄受祥在巴蜀小學與人鬥耳。

（三）平劇漢明妃，顧正秋演出，皮黃、崑曲均有之，惜未及採用望輦、馬上琵琶及繞口令諸節，已令人感慨滿意。

演至子夜一時，同秦啟文返寧樓，談至二時始睡，天上月已臜半餅，清光不減。

邃思齋日記

余家又梁公有盆樹金針日記，見太倉州志書目，書已散佚，不知其題名何由。余自三十八年二月自南京赴廣州，至除日飛台灣新竹，以昏黑雨夜抵台北，至於今日寓台北，八閱月矣。世界分兩個壁壘，反共之陣容加

強，大陸人民憔悴於虐政，矚望反攻極殷切。吾黨政在
改造，中樞鬆懈，徒有現階段之政治主張，而不作現階
段之政治控制，虛偽粉飾，民怨無宣洩處，囿於短見，
不作迎頭趕上之想，新設施都不注意，台灣舊事業亦漸
退化，學者裹足，人民生活益艱。如此以往，不但再度
勝利不能實行三民主義，即留此較長較久，所貽留於全
臺者亦難言之矣。余救國有心，挽回無力，終朝悶悶，
觸感於可令人短氣之事實而無法積極工作，置念於故
鄉，則若身在永慕長慮邃思之齋，咨嗟如洛陽歸後。蓋
余所永慕者松楸夢遠，恩愛痕泯，加以姊弟長違，言譚
無自，余所長慮者來日無多，太平安在。以身置黨，竭
力以圖主義之實現者，乃如鏡花水月，可望而不可即。
余之所欲思想加邃者，乃日在憂傷之中，欲持志居中，
已覺難能，不能更進一步也，因仍題邃思齋日記，藉以
自勉追思。又梁公與晚汀公叔姪聯吟，優游盛世，天上
神仙不可及也。

臺北寧樓晴窗綠陰將午　太倉狄膺敘

9月2日　晴

　　起身在八句鐘，鄰床二人已去上班。粥有餿味，秀
妹為烤饅片加日本製番茄果醬。復狄勛、狄詠宮書，又
致狄倬人問勤敏母之住房已蓋成否，並請歸交璜水中學
每年五擔之捐米。信由香港狄擎華轉，擎華不得入境
證，不能來也。中央日報等載曾虛白於昨午後三時台北

賓館招待中外記者，發表中央改造委員會通過之本黨現
階段政治主張，其內容共分六節，較新鮮之主張為：

一、我們更主張有計畫的開放公營的輕工業改歸民營，
　　引導游資於生產。

二、擁護聯合國憲章及其決議與行動。

三、我們主張配合著國家建設計畫，使一般民眾不受
　　壟斷投機的操縱，各行各業均得有均衡發展的機會
　　（實行民生主義的社會經濟措施）。

四、對城市用地應抑制土地投機，取締不勞而獲，屬行
　　照價徵稅與漲價歸公的辦法，以實現市地地權之平
　　均。對農村土地應普遍實行減租與限田政策，並切
　　實扶植自耕農，以達到耕者有其田的目的。收復地
　　區現有農民耕種的土地，讓他們繼續耕種，保障其
　　收益，並依耕者有其田的原則再予處理，無主的土
　　地和公地應配給反共抗俄的戰士。

五、我們確信三民主義的政治體制實在是合乎人類理
　　性、合乎時代的民主制度（完成三民主義的民主
　　政制）。

六、保障人民基本自由，推行地方自治，為民主政治樹
　　立堅實的基礎，拔擢有能力有熱忱的青年人才，淘
　　汰貪汙腐化搖動分子，以建立廉潔而有作為有效率
　　的政治。

七、我們要發揚中國文化的優點，更吸收西洋科學文明
　　之特長，維護學術思想和宗教信仰的自由，發揚互
　　助博愛之國民道德，肅清極權主義之荒謬觀念。

八、教育政策應兼顧民族意識、民主精神、民生建設三

方面，尤應重視生產教育，使青年具有基本技術的訓練，藉以解決就業問題，增進生產效率。

九、我們主張在反攻收復時期對於共匪的元凶首惡、殘暴的重要匪幹以及為虎作倀的無恥敗類決不寬赦，對於一般匪黨分子許他們帶罪立功，對於脅從民眾概予寬宥。

十、在收復地區，凡是蘇俄劫掠的路礦資源一律收回，凡是共匪巧立名目剝削同胞血汗的獨佔組織一律解散。

得晝三八月十八日書，錦姪稱快，邁櫻在重慶生一女孩。信自香港唐亮寄來，寄到時余方飯，為之多吃一蛋餃。下午錦姪復來寧園觀小雞及吃菜豆湯。晝三信中又云余寄王石麟之照片，家人傳觀覺甚為消瘦，照片不能移至鄉間。此外消息：

一、瀚姪外舅吳夢懷肺疾逝世，八月十八日寶賢姪媳與瀚王秀橋弔喪。

二、青蓮甚好，錢文炳在香港，李元龍在沙頭為人修無線電機為生。

三、公、寧無信息，延、綏有信息。

四、奐甥甚忙，筠璧前進異常。

五、霞姪女在滬。

六、五甥女在璜，王清之在江北治水，勞苦功高。

六、朱天奇在上海，每月入不敷出，前日借去廿萬。

七、唐海平年七十一，窮無聊賴，幾將乞食。每月晝三貼米一斗，已豫借至十月。

八、龔均如窮無職業，其妻擬為人幫傭。

九、陸星北中風在床，其子執教，每月十八單位僅十六
　　萬元，前日到滬送渠十萬。

十、璜校教室已建起，大廳後面已擴大，不敷之款約廿
　　餘石米。

十一、錫弟八月十八日又赴北京。

十二、炳弟體尚健，每日診務有十餘人。因地當中段，
　　　每日各方來借錢者至少三起，以兄之朋友地位
　　　來借錢者約十餘人，每人一、二萬元打發打發。

十三、狄叔雲臥病三日無食。

十四、年底救濟者唐海平、馮琴友、陸星北、龔均如、
　　　王錦裳、劍華各十萬，狄叔雲、三姑母、根叔
　　　嬸娘、張孟瞻娘子、斗南、馮飛等各五萬元，
　　　總數約二百萬元，已罄。

9月3日　晴，下午雨，雨後又晴

　　勝利受降紀念日祭先烈。九時後同馮汝玉赴圓山後
馬路忠烈祠，長袍馬褂者人數增多，祠龕甚小，今日設
位於龕下，龕內有鄭延平木主。總統領導行禮，五院長
陪祭，余本思得車往草山，既而乘端木鑄秋車到大正
町下，入李向采寓。十時孫仲瑜來，同在街上騎樓下閒
逛，購沙丁魚一小匣。十二時半飯，一時返寧樓臥，臥
起入植物園，自博愛路入，紅荷開遍。出園一角方入幼
稚園，崑曲今日同期慶一周年，余悉心聽者為徐小姐訪
素、趙鈺老山亭。食點後余同雷孝實、王鴻磐出，至塘
邊觀荷，孝實講國民黨舉動呆板「賞月開始、賞月畢」
笑語，又有人讀總理遺囑可以退鬼，鬼云他們又在開

會，乃退出云云。唱十面及琴挑後就餐，台糖公司廚，每桌一百六十元，極佳。餐前鎂光攝影如放煙火，餐時唱小宴，同場吃西瓜乃散。到雷家小坐，回浴乃睡。

香港工商日報評現階段政治主張頗重視軍民分治之諾言，以為愈早愈好，甚麼時候軍人不當行政長官，沒有軍人競刊言論集，沒有軍人略通文翰而自稱儒將，保證中國必人才輩出。原主張有云，只要收復地區軍事情勢穩定，就應實行軍民分治。

9 月 4 日　晴，下午微雨

紀念周陳辭修在中山堂釋現階段之政治主張，謂民族主義在建立民國、戰勝日本、取消不平等條約，可謂大體已行，民權與民生主義則待行者居多。次釋反攻前、反攻時、反攻後所應準備者，歷時四十五分鐘，尚得其要。歸寧樓，歸飯，錦姪語我昨晚火炬游行之盛況。飯後歸寧樓，芮晉率黃梅生（正平）來台興台印刷廠事，談畢臥。臥起祝兼生、王介民、朱耀祖來商發救濟監察部門同志事。得香港轉來八月十二日姪婿李逢生書，原潤生女在六月七日，很伶俐像母親，惟眼睛較大，個子較長。錢其祿、張立、張建彬夫婦常見面，陳大方、陳俊傑近不常見，現工作於棗子嵐埡而住川師五號，生活便宜，餘款購留聲機一具。初生時潤有奶，兩週後便不能發奶。夜七時赴中改，餞鄭彥棻海外部組主任赴美活動，酒三席，張其昀坐主席，沈昌煥歡迎詞。既畢詞矣，眾人又紛起致詞，余先退，歸覆畫三弟書。

9月5日　晴

　　晨立法院譚話會，議定十二日開會，席次重行抽籤，張道藩所提出也，嗣討論院務進行。十時半余拉白上之到寧樓，商定監察部分景況困難同志名單，並束邀七日下午，請常務委員決之。中午回錦姪處飯，補吃昨日施起眉外孫女陽曆生日炒麵，下午到黨部尋王介民。回寓，於下午四時出，到公園中國之友王師曾結婚喜酒，得遇余又蓀，與之隔座長談，並遇內政部警務司長鄭澤光。五時半至上埤頭與錢石年丈略譚，探斗不在家，探斗夫人與王、夏、慶三夫人在夏家打牌，余旁觀一回。自南京路返寓，知周賢頌、俞時中來云有要事，余打電話未通。賢頌又來報張靜江先生九月三日在紐約逝世，此一愛國之人乃卒於國外，年僅七十有四，真是可傷。余同賢頌到南門國防醫學院見俞五夫婦，並同時中及其妻張乃琪赴草山將消息告知吳稚暉先生。吳先生先得胡博淵會晤張先生之報告，尚云可活十年，不意此番血壓高腳腫竟無法挽救也。自五年來靜江先生全盲，每日聽無線電，世界局勢了然於懷，最近美國對華態度又足令其悶損。數年前有人勸易別人眼，需費二萬美京，先生以不人道未之許。吳先生云總統今日來譚，余以美國局勢實麥克阿瑟與馬歇兒互為上下之爭。是時余等候吳武官電話，思乘夜謁見總統，告伊靜江先生噩耗。總統外出散步，至十時半電話來，今晚有事，明日再見，余等乃歸。略進秀妹所煮一無味道之麵乃睡，飛機竟夜喧天，不知何故。

9月6日 晴

晨得孟尚錦轉來北平楊坤林信（八月二十二日），伊月入僅勉敷二十日生活，日須受訓，了無生趣。公望二十日在伊寓同進夜膳麵，據云平常衣服鞋子均係供給，每日火食二粗一細，即早上吃小米飯，中午吃小米粥，晚上吃麵條或饅饅，除此月可得些零用錢，約合八封書信之郵資。公望需錢，已取去綴存之錢八萬，言談甚好，與寧馨弟略有不同。寧馨弟平時常在外做事，打電話去不在居多。附來公望八月二十日信，曾同寧馨到蘆溝橋訪延吉，在麥田邊樹蔭下暢譚一番，並游蘆溝橋攝影留念，路上並商議母親來平後如何招待問題。楊信並述及張路展夫婦均在平。中午到錦姪處飯，飯後臥。張壽賢同王子弦來，余又蒜同曾蜀芳來。劉象山又來食紅豆湯後，同余曾入山西館吃蒸餃與餡兒餅一回，余再到美而廉，同立法同學餞鄭彥棻赴美彥，一湯一菜而去，飯後即歸寓。上午十時曾引張乃琪、俞時中在總統府謁見總統，云電美撥款（余曾告黃蘭君事，總統以悲悼二先生，不甚注意）。下午曾同時中分謁居、于，告二先生逝世，又曾同時中夫婦見馮宗蕘及主管護照之桂幫辦。孫鏡亞喪妻，送去節餘千元。

9月7日 晴

晨八時立法院請葉公超作行前報告，余往略聽，即到黨部借錢。回錦姪處飯，每日菜需十元。下午布置寧樓成會議廳，三時半後劉文島、張知本、王秉鈞、邵華、李永新、張默君、姚大海、李曼瑰、白瑜、祝毓、

王介民來商決發放節餘款項事，款以蘿蔔絲餅及饅頭、紅豆湯、西瓜等。五時散，余晚飯後回。至王亮疇先生處，志在請其簽字唁電，去兩次未晤到。余到馬袁冰處見吳同構，每日菜祇三元。到秀武處一回乃歸，送唁電至中央社後，同秦德純、莫衡等談至十二時始睡。房中為開會故，桌椅未設，紙窗悉除，似宿大廟中，頗類焦山枕江閣上過夜。

9月8日　晴

晨胡希汾來，同往正中書局，讓中監會三兩金塊九塊與南經理維嶽，每市兩四百元。俞俊民、時中父子來譚靜江先生事，最後得力於長沙取消建設委員會時，余與俊民致函居覺生、于右任提出國防最高委員會給靜江先生一百萬元，經秦慧伽逐漸交付，一半還帳一半購美金，支用至今。李君佩先生來，語余改造委員會已決定居正、何應欽、吳鐵城、馬超俊、朱家驊、謝冠生、林彬為紀律委員，下星期交換意見後即開會。歸錦姪處飯，飯時□□□同志送來一萬〇五百餘元，余至黨部印收據。入一電影院觀王子復仇記，三時歸寓略臥。本日整理桌椅抽屜未就，下午召吳瑞生，未來。五時曾至公路局，七時到廣東人黃華燦家。今日陰曆七月廿六日任愿曾生日，二楊錫康、可陶兄弟殺鵝祝嘏，座有馮莫（若彬）、鍾三小姐（李俊民妻）及黃立民、李俊明——諸先生。十一時歸寓，於鋁桶得少許水，浴身後即睡。

9月9日　晴

　　晨整理給發中監會節餘款卷，劉象山來領款。飯時錦姪吃小河蟹，余勸伊勿吃，不從。得頤甥、奐甥八月廿七日書，穎姊已到上海，附語云「好兄弟日日想念，早夜不安」。綴英八月十二日書，總消息：

一、奐甥未赴北京。

二、姊、頤甥、大赤八月廿六日自璜經崑山到滬，輪船在六里廟插蠟燭，九月一日到南京，仍住成賢街安樂里一號。穎姊在滬住一個月，返璜收稻，陰曆十月初到南京住兩個月。

三、南京冷靜得多了，一均已生一女，其婦與阿婆相彷彿。一均被裁，幸岳家務農，無子祇此一女，現靠岳家為活，真有福氣。

四、鄉下的人大體過得去，勿多想他們，鄉下信少寄。

五、八月廿六日炳弟家集會，豐、霞、君、曼、元、熙吃餛飩，此外有六隻冷盆吃酒。

六、瀚姪比前更見健康，寶賢守孝未出。

七、清之在皖北淮河上游工作，生活降到了最低程度，工作情緒升到最高峰，幸身體健康。

八、綴信云老太太又健康如昔，綴秋日北行。公望身體結實，寄來照片強壯自然，工作並不甚忙，攝影編輯頗合胃口，暇時游泳看電影，怡然自得。寧馨工作緊張，身體亦好。

　　下午張福濱來領款。周賢頌來，同出訪靜江先生六弟久香先生，並晤其夫人，談靜翁生平頗多。又訪侯家源，請其在特刊上寫稿。自張家出，到舒蘭街送戴志

鈎（夏華）款及歐陽樊款，又至王子弦家送款，留飯。
飯後應何應欽三十四年受降紀念酒會，遇居先生、黃仲
翔、黃伯度、張默君等，交張先生以蔣雨岩遺族五百
元。本日何夫人未到，王伯群之幼弟曾任軍長者又卒於
香港。余食蛋糕時曾失足墮明溝中，賴居先生扶掖我，
腰間略有痛覺。九時在草坪演抗戰電影第一部，美國
製，將中國所以抵抗日本之理由表演得十分明白，第二
部中國攝受降紀實，光線、說明均欠佳。十時後返寧
樓，洗浴後在草坪納涼後乃睡。

9月10日　晴　星期

　　六時三刻起床，坐三輪車同秦啟文至鄭州路車站，
售票門已閉，跳上汽油車，車已徐徐開動。到新北投忽
想起理髮，過兩家未上工，乃入北投橋畔之新生活理
髮，本地人所開，便宜而快，每人祇兩元。理髮畢，余
至十九號何尚文家，適俞成椿在何家理衣服，乃約伊等
上山游玩。余等購菜，兩人四手提茭白、小白菜、蘿卜
與肉，先遇林潤澤，後遇夏、馮兩夫人。上山之林蔭路
已鋪煤屑，到傷兵醫院而止，上招待所之路仍犖确，濕
穢難行。入招待所，各室皆布置成辦公狀態，余為重行
布置。十時尚時與成椿譚笑飲茶，入洗二次，水亦涼
潔。飯後余睡，二時後又睡，成椿則不能合目，其失眠
症起於在鎮江國立監選舉時，各方均尋長耀，往往至夜
深二時始睡，竟有一禮拜未合目之病態，到台後已略愈
矣。今日紅燒白篤肉，俞均愛肥者，其他茭白絲百葉、
冬瓜茭白，俞皆愛吃。食慾既振，失眠可以治療矣，惟

其天性聰明，膽小心多則不能醫也。崑劇有呆中福，真是見道之作。二時半吉卜車來，先送何、俞北投橋，折回頂北投，過第二、第一展望亭，到陽明山謁吳稚暉師。馬袁冰新到，吳先生方修足，修足後仍赤足，總統送來皮拖鞋、蒲拖鞋各一，尺寸長至一尺。余請吳先生寫紀念靜江先生文字，先生允入夜口授陳凌海記之。又授余姚叔來（八月卅一日自美來）書，云靜江受感冒已經兩個多星期，尚不見愈，甚為可憂，又寄來通運公司四十七年情事一文三紙。余同吳則中夫人暨小馬乘吉卜車歸寧園，兩人及則中小孩皆說此園涼曠。歸錦姪處夜膳，膳後周賢頌及俞俊民、時中父子來寧樓譚，連日所得張靜江先生種種記之如下：

（一）家世

徽州移南潯，開醬油店。原名增澄，字靜江，革命用人傑，又署臥禪、飲光（張夫人呼之飲光）法名智靜，皈依印光法師。光緒三年陰曆八月十三日誕生於外家龐氏。

曾祖	祖	父	兄弟	子女
竹齋吳氏	定甫	弁羣（子乃燕）		一、蕊英（姚蕙出，故）瞿廉夫（離婚），四
	龐氏	人傑		二、芷英（姚蕙出）周君梅，四
		澹如		三、芸英（姚蕙出）陳壽蔭（離婚），子二
		墨耕		四、毛英（阿白出）顧鑑深

讓之 （去年過世）	四、荔英 （姚蕙出，能畫） 陳友仁（亡故） 何永佶	
劉氏 久香（名增佩） 娶董	五、蒨英（姚蕙出） 林可勝	
鏡芙	六、乃琪 （朱逸民（智逸）出） 俞時中，子一	
幼妹甲 （大姑姑）	七、乃昌，男 （朱逸民（智逸）出）	
幼妹乙 （二姑姑）	八、乃恒，女 （朱逸民（智逸）出， 略遲鈍）	
	九、乃理，女 （朱逸民（智逸）出） 曾給朱驪先	
	十、乃琛（龍龍） （朱逸民（智逸）出）	
	十一、乃珣（迷迷） （朱逸民（智逸）出） 19 歲	
	十二、乃榮，男 （朱逸民（智逸）出） 18 歲	

　　一、出生：生於外祖家龐氏，落地時辰云是八敗之命，後以金佛一尊向外家易回靜江。

　　二、幼年行徑：靜江少年弛放不羈，老師姓羅，自幼即喜塗鴉，出書房後，人見其所作山水已經入室。年十六，騎馬膽大，時一足已不良於行，以二腿夾馬背出沒河汊，馳驟小街，致撞壞豆腐店，全數認賠。又嘗乘船，兩拖船因拖繩拉緊，中間一隻因而翻天，靜江入水，搶一憑几板得免滅頂。到法國時腳已病短。到倫敦動物園中，見一房外書 Lion，半門已閉，正獅子進膳

時也。獅子此時頂看不得，靜江不知此禁，好奇入內，眼又近視，尚未看清，忽覺獅子咆哮攫人，急以洋傘攔住得免受傷，可謂急智。

三、配偶：原配姚蕙係□□學政□□之女，知書善畫，故其所生五女均伶俐善畫，荔英尤著。外遇阿白，生毛小姐，嫁顧鑑深，余在南京曾見之，阿白求去，或傳入寺為尼。繼配朱逸民與程逸（騮先妻）、陳潔如訂為姊妹，北伐成功後補行婚禮。時先生軀體已不能挺直，出入用椅，用二人或三人移抬，周柏年愛作詼諧，曾問靜江行房用何方式，靜江笑而不答。

四、家產：曾祖造產以絲業起家，常熟有張敦義堂，收租田三萬畝，收租最寬。此外有鹽引票，各方均有分。參加革命後學宋江家辦法，豫立分撥據，姚夫人別得十萬。通運初開辦，老父給三十萬助革命，輸財為萍醴之役與黃花崗之役。姚夫人於通運亦得三十萬，所生女五人均分。晚年靠國家給之百萬，半數還債，半數購美金資旅食國外用度（分家產時久香祇得二萬七千千文，祖老太爺只有四十萬銀子）。

五、圍棋：入一段而頗高明。

六、古董：初為商務隨員，在一九〇一年，翌年回國招股，擬辦一推銷國貨之大公司，以古磁古玩最為合銷，乃全力注意古董。靜江未往時，巴黎有日本人做中國古董生意，多售假貨，靜江憤恨，乃終日撫摹研究，未多時已成專家，鑑別能力特大。

七、來遠公司：一九〇九春通運因資金缺乏，周轉發生困難，靜江回國籌組通義銀行，請姚叔來入通運裏

理店務。巴黎方面全體執事發生異心，不願再做通運，於是將通運底貨以最廉價讓與盧芹齋、周冠九、蔣孟蘋、李佑仁、吳企周等，惟姚叔來以至戚，且無發財念頭，不參加新組織，其餘諸人皆因而獲利，靜江留不能脫手之寧波觀音一尊以為紀念（有人說民五在廈門鼓浪嶼某佛寺得一、二尺高之黑色觀音，疑是黑地窯，結果還是假的）。

八、造詣：靜江諸學藝無師傳授者居多，其為學之猛，無間日夜，「用志不紛，乃凝於神」二語乃其祕訣，以故有不學，學必到精微處，久香云我兄思想之活潑由靜得來。計算極精而不受錢累，絕對不享受，無我見，無錢累，再加以計算極精，故爾膽大。其所作之大言乃深思熟慮之結果，實能做到戰必勝、攻必克之地步，別人無此精算且有所顧慮，皆不能如此，且不能認識靜江之遠大計畫。

九、用人行政：靜江用人，初接談時考慮極詳，用留學生之有專才實學者，既用之則一切信賴，不瑣瑣問訊，以故諸事易舉。凡政府之人事制度及審計制度皆不甚贊成，可謂之不像衙門，其所經營悉商業化而不營私利，亦不象一家商店。其所聘用之人如霍亞民、曾養甫、惲震、潘銘新、李熙謀、趙正鈺、程振鈞、吳琢之、周賢頌、陳逸凡、程樹藩。所派遣之留學，民前六年為留法之褚民誼、汪汝淇，留英之唐鏡元（四兄資助）及何思敬（瀏生）。

十、茹素皈依佛法：一二八事變，日本人在上海濫施砲火炸彈，中國人民處於無辜傷害無法抵抗之境遇。

靜江曰人類肉食各其他動物，其為殘害生命一也，於是
戒殺生並戒虐待大小動物，時祇茹素，尚未信奉佛法
也。聞印光法師在蘇州，曾命嘉興陳斐成往拜，述嚮往
志願。忽一日印光臨馬斯南路九十八號靜江寓所，靜命
久香叩頭之後，印光與靜耳語，有頃二哥大哭，後遂開
悟，守淨土宗法，加工念佛，法名智靜，朱夫人名智
逸。所耳語者為何，莫或聞知，或曰印光云余與居士祇
此一面緣。余意此語何至大慟，但靜江自後即結束各種
事業，揚子公司與淮南公司皆出售與宋子文接辦。俞俊
民云佛戒貪、嗔、痴、妄、疑，靜江遇人不嗔不疑。

　　十一、出國不返：二十七年靜江出國赴瑞士住半
年，二十八年 1939 過法赴美，在紐約先住猶太人房，
打官司為被指損壞房屋器具事，訟得勝利後住某公寓
六年，今年擬遷 Providence 未果，1950 九月三日卒於
3900 Greystone Ave.。

　　十二、吳稚暉先生之批評：靜江僅以卜式輸財著
稱，其才實蕭、曹之列，亦美洛克哈福特之亞，人不知
其有絕高之經濟能力，能謀國，使富疆，此與總理並起
之人材，未能竟其用者也。中國最易糟塌人才，黨人能
開發實業者，一、張靜江，二、孔祥熙，三、孫科，均
糟塌了。1902 上海杏花樓靜江顧我，〇三年稚暉赴法，
1904 有人謂張某是袁世凱的偵探，口言革命，後確知
為李石曾之友，同徐恩元均主帶紅頂子而革命者。時日
內瓦開博覽會，余等去參觀後即往巴黎，1906 年買鉛
字印新世紀。靜江先生是窮愁死的，以志切建國之人而
遭世界變亂、黨國危亂如此，既不能看報，何能活得下

去。又老年抱病，費用是可想的，那里來錢。

9月11日　晴

晨中央黨部紀念周，張厲生主席，陳雪屏報告普通組織組各設施，余聽至九時半。到立法院取膳宿交通費，出席資格審查會，江蘇第三區候補補上彭利人與徐漢豪，次序倒顛，余為說明又辯正數事乃出。到中本為同人取利，晤王經理，得改息月七分五為一角。出，遇蕭同茲車，搭往仁愛路三段，途中同茲語我孫芹池又赴港，昨曾尋余未得。余到大安中央廣播公司還邢梅蓀一千元，陸以灝還余借條，談起陸以正被捕事。余在吳道一夫婦處飯，道一自來台北食包飯，今日魚腥蔬菜少，幸有自燒芋芴燒肉佐餐，否則余難下嚥矣，飯後吳嫂又購香蕉款余。余即乘車歸，方寐，有女客尋劉鼎九者敲余門，余著衣迎之，方知是誤，解衣再睡，雖合眼仍不能補損失。閱巴黎重印之新世紀。劉象三來，共伊數鈔票。出尋峨嵋路之郭增壽，已移中山北路二段六十號，又尋青島候補監察委員徐覺生在中華路長沙路口之棚戶中，半間蔽漏，其餘均茅屋坍塌，一母執炊，前次台北賓館之照相則配鏡框而懸諸床頭。徐覺生云前次見祕書長跑路，為之慘然，余等見伊窮況，亦為之慘然。自西門乘九路返錦姪處夜膳，夜膳又出送款。擬尋銅山路七號彭紹香，老車夫不識途，乃至廈門街八十一巷五十六號任覺吾寓送款與王元輝，此人孤身在外，亦硬漢也。又到羅斯福路送鄭家藩，所居在店鋪後，一家七口，環境衛生不可得而言，真苦楚也。歸寧園浴，浴後

秦孝儀來尋材料，俞時中來送材料，余仍無暇執筆寫靜
江先生事略。晨託秦啟文寄出王子壯夫人、王憲章、侯
雋人三份，下午託李達三寄出汪澄一分。

9月12日　晴

　　晨車來，往發郭壽增、蕭伯勤、田安新三分，有彭
紹香一份託迎李先生車之周亞陶送去。九時二十分立法
院第六會期開會，劉代院長宣布在各委員會保留在大會
發言者，得在召集委員說明後即說明。余起立辯正須有
大體意見方能如是說明，如對各條有意見，仍應在討論
該條文時說明。至討論時，忽有人提議變更議事日程，
討論劉全忠等所提修改中央銀行法，劉上台說明，余聽
了一回即離院。歸寧樓，中午有電話來，云有江蘇人來
會。候久不至，乃回錦姪處飯，有茭白冬菇百葉絲，錦
夫婦吃蟹炒肉絲，余不之食，文耀云去年吃得更多。飯
後洪亦淵來約中秋夜吃局。有太倉青年名陸克者來，係
陸次雲之子，係在台南從軍，曾守岡山海岸，現日正在
整編，請假來游，身體甚結實。下午三時中改討論工作
計畫與經費，九至十月俞鴻鈞允二百萬，經常每月十七
萬在內，建築單身及有眷屬同志宿舍三十萬在外，原開
需三百五十萬左右，結果仍採削足適履辦法，各單位自
行調整，再由中改派五人審查。散會已五時，諸改均謂
今日此會是費時較短的一次。蓋一月以來一日數會，一
會四、五點鐘，洋洋盈耳以為常，洋洋者甲述英國、乙
述美國制度，各擺一段而不於問題上解決，為祕書者所
厭煩也。周亞陶送余寧園，七時祝兼生來接，同至浦城

街十四號李君佩約七紀律委員夜膳，食鹽業公司揚州廚菜，交換意見。何敬之、吳鐵城均謂議決案須經中改通過，萬一不通過則如何，如改造委員犯紀則如何，結果原定明日下午紀律委員會不舉行，改為研究會，推林彬、謝冠生、李主任委員及余研究。余以張久香來寧園，九時歸，久香及俞時中夫婦已坐待，上樓訂正余所記十二項，並譚二哥（讀如加）生平久之。周賢頌來譚，十一時乃歸。今日本區換大水管，浴池水不潔，余仍入浴，別人則否。夜熟寐，飲福建清茶甚多，不受影響。

9月13日　晴

寫靜江先生事略。中午歸飯，下午三時祝毓來，同往李君佩寓候林佛性，謝冠生來，同商紀律會規程之內容，李先生款以水果、布丁、月餅及咖啡。余乘冠生車先歸，即在寧園飯，飯後閱公祭特刊各稿。

9月14日　晴，夜雨

晨寫稿，中午江蘇一部分立委在漢中路吉弗宴陳武民，共十六人，天熱菜多，不勝負擔。二時回，坐臥不可。下午三時祝兼生來商規程條文，李君佩亦來，上樓核改，監會同事十人亦來。初給息人二十圓，工友減半，餘興為擲色子搖會，余搖第五人，得二十八點，惟馮葆共二十七點相近，無超過者，余得會第一人，收一百二十元，工人為附彩，周亞陶在第二組，得二十元。同到山西館小食，吃八十三元。余得施起眉相片及震弟來信，回迪化街交錦姪，錦姪大悅。飯後事略脫

稿，坐吉卜車到陽明山七十五號，天雨，將事略就正於
稚暉先生，先生就燈下閱五張紙畢，謂已能概括得盡，
汝記憶力乃極佳。余見先生閱余文唏噓欲淚者兩次，余
不忍即離，乃陳明今夜宿於客室，與先生譚美華關係，
大致云馬歇兒聽邱吉爾話，但亦會改變作風，吾軍反攻
當攻上海云云。十時先生略倦，余回房整理事略稿，至
十二時始就枕，溫瀑鳴於山溝，夜雨細於窗外，涼風入
帳，一燈朗懸，既念逝者，又思鄉色，甚難合眼，床上
無襯被，亦為不熟睡之一因。

9月15日　晨陽明山雨、台北晴，下午整晴

晨六時起，稚師於四時醒，已蓋厚被，四時嫌冷，
又蓋絨毯，余侍其進牛奶畢乃辭。同陳凌海搭公共汽
車，天雨車不易發動，諸小學生推車始行，到台北延平
路下車，同入五芳齋食脆鱔麵。回寓，周、俞在寓，將
稿託周、俞送中央日報何貽謀君。余入立法院應卯，腹
中不適，茶味又劣，乃返寧廬。閱周佩箴寄來港報一
紙，於二先生無貶詞。回錦姪處飯，飯後作輓靜江先生
聯，與陳志賡（成）同具名，志賡前日送竹布來切囑。
聯云：

建設新政些微，還仗此抱病英奇，
替總理行三民主義；
革命舊痕明滅，幸留得兩行涕淚，
在台灣哭開國人豪。

寫成後到立法院尋志賡不獲，往中央黨部送聯，查
紀錄一回欲證所記有無謬誤，亦無所獲。同周賢頌赴中
央日報晤馬星野及何貽謀，中央特刊兩版為廣告，須
缺四欄，有餘稿五篇，乃赴新生報與趙君豪商，亦編
增刊，又到立法院應卯。歸寓略整理，到黃振玉家小
坐。夜立法院舊雨新集在來喜西餐，黃國書請客，共到
二十五人，夜涼風已有秋意。昨日董轍、陳桂清來訪，
宋實君、吳寅介、喬廷琦、吳迪來訪。

9月16日　晴

今日為黨部公祭張靜江先生，余於凌晨即起閱中央
日報特刊，編得尚好，惟不肯讓出二行廣告地位，致總
統所書痛失導師四字及于右任先生一文皆見於第一版。
至新生報則未出特刊，稿已送去，不知何以不印也。
到中央黨部公祭，橫藍布額懸於門，黨旗降半旗，鮮花
圈自門口雙列至樓梯，香氣甚濃。上胡梯口，大黨旗一
面，下貼公祭典禮四字，鈕永建聯懸左，陳伯稼手筆，
以卜式羊對緱山鶴，甚趣。朱家驊長聯列右，敘交情甚
有致。于右任親筆一聯懸有禮堂門。堂內較好之聯為改
造委員會之：

一德宿相孚，傾蓋加盟從壯志；
九京不可作，毀家紓難更何人。

又有陳誠、孫立人二聯可稱合作。余聯情致外，頗
露感慨，注意之者甚多。原定九時開始，總統囑改十

時，余引琪、時及九香入總裁室觀見，遂開始。余參加中委、改會、立法院三次，立法院委員以公祭時到者五、六人，實覺太少，節目中無各省市同志公祭，又見舊人甚多，不禁流淚。舊人到者周頌西、竺鳴濤、陳志賡、苗啟平、陳寶泰、周賢頌、吳治普、李宗侗，余照呼至下午四時始畢。檀香靜炷，遺容宛對，思黨中政治人才又弱一個，又未竟其用，不得已於悲也。中改於三時五人小組，又開經費分配及工作計畫會議，余略說明，即到貴陽路二段艋舺禮拜堂參加許以仁姪與汪家結婚，遇張貞及武邑陳玉田，聽唱詩班唱詩，吃台灣酒席，久久不完，甜鹹不爽。八時許返寧樓，顧儉德夫婦來坐，至十一時始返。

9月17日　雨晴間作

　　六時半起身，得上汽油車，抵新北投而雨，購雨傘取中路到招待所，履浸襪濕。入浴，飲茶食粥，小臥，閱荊公集。十時陳伯龍、田淇芳夫婦攜一已長高之女來，僅十四歲，又同一妻弟來，姓田名忠玉，夏先生亦來招呼。中午同飲酒食飯，陳夫人煮蟹虛而不實，蝦厚殼，紅燒肉無和頭，茭白百葉絲太油，惟蒸糟魚及柞菜肉絲湯甚好，飯後又食香蕉。余睡一回，浴一回又睡，及一點半鐘換水又浴。三時半乃歸台北，入大理街底台糖幼稚園出席第二十八屆崑曲同期，朱其倬、張振鵬所約，食麵及燒餅，聽花婆、辭朝為悉，與李宗黃、雷寶華夫婦、朱敦春談話，周雞晨、趙守鈺飲酒，胡惠淵、徐穗蘭餵猴子以燒餅。六時歸，觀任憙曾雞雛，已放在

鋁絲網雞欄中，大了許多。王小姐來同譚笑，即在寧寓飯，飯後天雨，聽收音機唱戲以為樂。

9月18日　雨，入夜晴，月光明亮

紀念周羅志希講馬歇兒為國防部長未必於中國不利，韓戰不易結束，即結束第七艦隊未必撤退，印度為西藏事將與中共衝突。說畢志希衣服盡濕，喉嚨又不爽，在總裁室休息一小時，拉余同坐，謂有一老朋友陪陪，精神上好受些。余攜諸子集成歸，志希贈我印度獨立與中印關係，伊送我歸，羨寧樓明窗淨几，桌上留劉健羣一片，亦云尊居令人羨慕之至云。

志希取唐詩及另一冊去，周頌西來講中央信託局黑名單，將令其退休。余往何墨林處說之，說畢又託周賢頌勸頌西省事，又以書覆周佩箴白內情，佩前日來函託余疏通也。又託賢頌送總統召見通知與張九香。余離中信，天乃大雨，三輪車至第一劇場下車，無可為計，適耀甥持傘歸，同繞涼州路，走騎樓下免受雨淋。飯時有燒白鱔，腹油甚厚，味佳。回寧樓小睡，於三時半同祝毓至李君佩先生家，同林彬、謝冠生訂紀律委員會規程，至五時一刻乃離。見鄰居居先生，方種地，問伊菜有希望否，答不興，但庭中稍好看而已。居先生評張靜江先生事略，謂漏說業鹽又病長，文字尚須整理。出，應中山堂總統茶會，又提出立法院特別黨部之議，順位置次序編組，余抽籤得第一百八十五席，尚屬適中。結果組織事中改再商院長、副院長人選，原案用簽敘方式者，群主由總統提名，總統欣甚，甚違憲法

精神也。散會，余至錦姪處夜飯，飯後步入榮元，張、
洪約十三夜吃局。歸寧樓，吳迪、吳寅介、吳瑞生、蔡
培元、狄家銑來，坐於草坪，極涼適。今日託周佩箴轉
與綴英書。昨星期，劉文川婦夫來迪化街，文川害喜瘦
極，余未遇見。

9 月 19 日　晴，微雨在下午三時許

　　晨吳瑞生來取信。到立法院議修正審計法一回，即
改開祕密會，討論外交委員會因今日成功湖之第五屆聯
合國大會開會所擬聲明，余發言贊成，並修正文字。
十一時半出，回錦姪處飯，錦姪今晨又去檢查，受孕後
仍有腹痛，服藥。下午歸臥，起身為三時半，又到立法
院坐一回，聽至聲明讀完乃出。先在博愛路一食店遇黎
子通，又在一舊書店遇王豐穀，同豐穀步至中央日報。
何貽謀索回世界半月刊並借銅板，同上仙華樓茶、鍋貼
及扒絲山藥，北窗坐風，譚今說古，頗樂。六時乃別，
余同豐穀又曾上煤礦公司訪袁世芬，余又曾訪新生報趙
君豪，索吳琢之稿。

　　在立法院議場，苗允青交余八月十四日余天民香港
來書，云：「前承題詩於蔡先師手冊，見者嘖嘖贊嘆，
以為真能領略先師者莫兄若也，大詩數首於弟當面時，
手不停披，一氣呵成，景仰先師，恰如其分，而弟亦與
有榮施矣。」余又於管家巷匆促間為陳志賡題報劉圖絕
句四首，真摯緊張，志賡攜入浙，見者皆評為非泛泛之
作，余越園尤贊不絕口。今越園死矣，其書法及所寫竹
及詩均高。

余於詩文惜未能加工為之，成就較少，有負師友囑望多矣。

9月20日　晴

晨為修正契稅條例十三條到立法院，與夏濤聲、劉廣瑛等同審查，契稅之繳納期間原為立契後三個月，財政部主改二個月，余主仍為三個月，為拮据置產者喘息計也。會畢，訪朱佩蘭在朱厝輪，頗瘦削。歸寧樓，攜陸世熊所贈月餅給錦姪，在彼飯，飯後得炳弟九月十二日書，係王璞自香港轉來，極為快捷，內附后學裘信及朱鐵英字，因分別覆之，不知以何日到滬上也。下午四時到泰順街尋鄭味經，不知遷到何處，問房中住客，云三十一日遷出，已遷出二十日矣，余為之不樂。至朱鍾祺家，坐待王豐穀歸，飲白蘭地，飯後歸，往返皆乘三路車，殊省捷。歸，待余又蓀不至，又蓀留字台大失竊，伊被移付懲戒，余候伊來譚。任憩曾云有女來訪，不知何人。浴後即睡，閱古本金瓶梅，看不出刪節痕，殆元本無穢褻語，僅刻畫世俗態耳，其中唱曲及詩均佳。

9月21日　晴

晨起漸覺秋涼。昨成功湖聯合國承認我政府代表為大會中中華民國的惟一代表，共得三十三票，反對者十六票為承認中共的國家，阿富汗、緬甸、白俄羅斯、捷克、丹麥、印度、以色列、荷蘭、挪威、巴基斯坦、波蘭、瑞典、烏克蘭、蘇聯、英國、南斯拉夫，棄權者

十國為阿根廷、加拿大、厄瓜多爾、埃及、法國、危提馬拉、黎巴嫩、沙特阿拉伯、敘利亞、也門，此一決定關係極大，余特記之。

十時到黨部訪郭誠，未見，為王豐穀可為正中董監事作一書以介紹之。出，尋臨沂街六十四巷，意欲訪張百成，不得。到仲翔家聚譚，余戲提西門慶熱結十弟兄，乃以富力為大哥，仲翔夫人曰予在中大結十姊妹，余以體高為元春，王德箴為黛玉，徒取形狀，不論年齒也。余歸錦姪處飯，近日糞作黑灰，又靠近中秋，宜慎食。下午閱書，六時半仲翔夫婦始來小坐，參觀雞時攜去王右軍法帖。入喬家柵飲酒，酒太無味。出，觀日本電影梅素與淋病及其合併症之可怕，軟性下疳及鼠徑淋巴肉芽腫（別名第四性病），日本謂之混合感染。出，到三陽春吃酵肉乾絲及飯，先遇孫道始，次遇張廷休，飯後始分道歸。

9 月 22 日　晴

晨同□□中華書局旁吃生煎包子。院會討論審計法第十一條，崔唯吾有修正意見，反對之者四、五人，崔君無兵來幫，敗得甚慘，余以無興趣，亦未之助也。遇徐芳於院外，同之參觀某畫展，及格者不多。引徐到寧樓談，贈伊暢流全份（缺第四期），伊說暢流有真寫作，並不抄來抄去，暢流祇文藝，並無內幕新聞，暢流祇覺閒適，在危時緊張局面教人舒一口氣，不再添人苦痛。余約伊撰文，並請伊商徐培根何時游新竹。徐將出，張默君來譚高良佐事，張先生送我往錦江江蘇立委

餐敘，甚便宜。餐畢，余介紹新補立委彭利人及徐漢豪，並譚調景嶺同鄉救濟及來台事。一時許返寓小睡，下午閱報，未到院會。今晨成蓬一上台說政治蝗蟲，余作五言絕句云：

去年爭垃圾，今日說蝗蟲，
政治終難理，科條審計窮。

　　五時出，思尋劉象山不得，入公園參加張廷休正中編輯會，新賃屋於金山街，將有圖書設備。飯時討論印中國舊書要籍、西洋名著及時事新著，又議有靠攏事實及在國內有被逼可能之著作家，其著作物皆不為之翻印。十時歸，同秦啟文、錢中岳講暢流如何改良。前日得炳弟九月二日及十二日書，消息彙集於下：
一、震弟未購軋麵機器，在門前擺一小攤，每日可得二千元，時與晉奎弟往來貨色。
二、錢寅階因土改被拘。
三、奐得二等功。
四、陸孟益將赴香港，九月十一日為之餞行，李頌夏、后學詩作陪，吃蟹粉及火腿燜雞。
五、邵禦之無事，王競亞無奶水，已生一子。
六、徐翰青老當益壯，在何市為開明地主。
七、賓初獎學基金因基金甚微，現已停辦。
八、沈禹昌死了祖母。
九、斗南窮困，與阿飴爭食。
十、唐海平前日大病，炳往診視，斗室溢小，唐家人不

肯救濟。

十一、葉潮哥嫂嫂與其女窮困，做花邊夜以繼日，九天
　　　工作祇得米一斗。

十二、萬石、琴揆均好，今夏患百日咳。

十三、三姑母甚好，潘麟生時有錢寄家。

十四、朱鐵英為城南賣餅師，中秋月餅生意極好。

9 月 23 日　晴，在基隆遇小雨兩次

　　晨至立法院取錢，在中秋節前借十月歲公等費四百
二十餘元。出，尋劉象山於南陽街，不在。遇謝鑄陳正
尋鄭曉雲，伊訝余疲老，與陳武民對余同其慨歎。余
曾於台南入鑄陳寓，值其晝寢，今知其妻在高雄任法
官，鑄陳與戴季陶同年且同學，親密類余與葉楚傖，今
見其獨行踽踽，既為其傷感，又不免自傷也。赴立法院
之前鄭味經來，云遷來萬華廣州路，經一番遷移，幾至
兩頭不著實。蓋前月余勸鄭澈勿遷，澈歸稟已接人家定
房洋五十元，限三日出房，而原希望遷往鶯歌之房，房
東仐願租內地人於是不得，不得往三重埔女兒宿舍，而
子婿等且開一旅館暫住，多費而感不便，幸鶯歌之原介
紹人心中不過意，乃讓廣州路伊將以為洞房之屋修理與
味經住。余即往視，中式房一間又一弄，有井庭一間
分為二，後為味經臥房，前為客座，一角有胡梯可上
閣樓。子女及婿居之原房出頂十六兩金，新典房六個
月一千五百餘新台幣，兩抵可多出金十兩，實為經濟
所迫，雖余願貸款亦不肯聽，夫妻憔悴萬狀，澈亦生
外症。余入中央信託局將情況告周賢頌，託為鄭澈謀

事，賢頌索鄭澈履歷。遇孫秀武於門，約定廿五晚往聚食，伊病胃痛，又為人售紅綠茶事求介紹賢頌，亦為寫一便條與趙經理。自中信歸錦姪處飯，飯後往環河南路77號內政部調查局參觀匪偽資料，自江西延安以至於最近，又有汪偽及台灣破獲俄及中共間諜材料，最動人為新在廣州被殺害之同志三人照相及上海被日人殺害之女同志□□□被殺及□□□夫人索歸夫元二油畫，余匆匆未及細觀，即回寓略臥。朱鍾祺來，引往車站購往基隆直達車，排隊時豐穀來，車即開出。余略閉目，即到基隆市愛二路上海貿易行，余所書市招太呆板，行中陳堆豆餅與麩皮，麩皮人造絲裝者易破，蔴袋裝者不受農人歡迎，農人歡迎者為標布袋，行中有標布，亦有裝縫機，農人以標布可以縫成一褲，認為值得，雖多幾文亦願意，店中情形大概如此。余等往水上飯店飲紅茶、咖啡，見美軍人，又有中國女子上下，茶味不惡。下樓梯，土地銀行羅店倪德明君以車來同往，擬為味經購椅凳，未得。上新開路之公園，園在山上，自顏氏祠入，祠設職業學校，上為顏家骨灰塔，過此陽光正逼，休於樹陰。沿新砌道而西，可望港灣之口頸，基隆幾四圍皆山，此口頸亦鑿山而成。口頸外可望太平洋，望洋處有廣坪可開三十席，宜題「太平在望」。過此天忽雨，下神社亭降坡數十級則為街，有大鳥居二，又有砲一尊方髹漆，砲旁奉獻之神燈無數正坵棄。下街入土地銀行，小坐即驅車和平島，參觀船塢，塢二，大者能容二萬五千噸之船二艘，在塢正修理為「台中號」鐵橋貨船及一水上起重機，又有陸上起重機之設備。望港中美國船

大小四、五艘，皆止劃一號碼。倪君之復旦同學楊慶燮君為引導，楊君年三十九矣，尚參加賽跑。出，送楊君上車站，余入上海行飲酒 Gim，初擬飲至獅子腳，不意飲至 Old，二張、施、朱情意殷渥，不好意思即離也。酒菜有利口福之香腸及館菜，紅蝦為佳，酒力頗強。朱君送余車站，仍得直達車，時為七點鐘之後，架車者搶前，極老練能手也。到台北站後易公共三路車，到顧儉家食湯糰三枚，飯、粥各一盂，菜以紅燒肉豆腐及豆腐丸子為佳，酥魚太濫，同座秦啟文、朱慶治、洪叔言夫婦及儉德內弟陸君。辭去後復入師範學校參加政校校友晚會，吳延環下台招呼，劉真夫婦讓座，劉文川、胡希汾皆來讓坐。唱以徐露之春秋配撿柴及王節文之楊延暉坐宮為佳，最精者為齊如山先生之劇話，謂劇為歌舞之綜合，以假的表示真的，不許以真物上台，如欲改良須量尺寸，講時表演咳嗽、指物身段皆極精確，乃學生多不耐聽，真可惜也。

9 月 24 日　晴　星期

晨檢來客片，朱文伯（字作人，江陰人）以昨晨來訪，云同鄉會發起人會擬推余為臨時主席。八時洪亦淵來催，余辭謝。九時到榮元賀張伯雍生日，吃鴨麵，頗有崑山味。十時同伯雍到一女中，徐銓告我王懋功已登壇任主席，余晤顧希平、鈕長耀、李壽雍、朱佛定、芮晉、過鍾粹等諸人，討論籌備員名額及產生方法，到會者三百人，認真者居多。余與伯雍早退，回寧樓瀹茗對話。伯雍蘇州光福太湖邊人，父業絲，民元前折閱悉喪

其產，伯雍十三歲，民國三年到溧陽，學於宜興任姓藻
清所開之壬吉提莊，後改入溧陽洪姓之同豐瀠記提莊，
遇師孫祖澤（字少伯），為典當出身之休寧秀才，教伊
讀書（而孫之子能述受教於伯雍）。後棄衣莊為朱仲子
（買臣）祠堂之小學教員，後到上海考取金業交易所，
始學英文。在金業十年始改入證券交易所，與徐昌年等
經營商務以至於今。其叔壬士藏書頗多，以秀才入長元
吳師範講習所，久任木瀆小學教員，集木瀆故事編為駢
文，後演為木瀆小志，伯雍又取駢文注之為樂，談鄉土
者所珍視也。十二時到榮元飯，飯後歸，周頌西來，劉
仲勉與妻彥陶攜子修、行炎來，行炎一月又十日，豐滿
會笑，子修食月餅柚子，狼藉滿地，玩一時許乃去。七
時再入榮元飲威士忌酒，烤鴨及網油包豬肝清燉甚美，
席散微醺，浴時歌唱。

9月25日　晴

　　晨紀念周，谷正綱說改造之必要及其成功之必然
性，言共黨無主義，其中不能放鬆者為三民主義，但亦
祇是裝點門面，其無產階級專政一時不能實行，現時所
稱四階級為政治現態。說畢，主席王雪艇說台灣一年來
求政治安定，經濟穩定，士氣提高，似已做到，但民心
尚未歸附，宜派受過訓練之黨員分往縣市切實工作。說
畢散會，余至連雲街尋李愍寶，本月六號自香港來，所
住為孤房，易被偷竊，余戒之，出頌夏先生七十五歲小
照一幀，殊康健。出仁愛路，過新生路，訪郎醒石夫
人，見郎瑛及其次子趙國梁、趙耀中及其女，知棣華

已赴法助嚴家淦開會。坐車回錦姪處飯，蛋餃、粉皮魚及豆腐，回寧樓睡。黎子通來送月餅，林潤澤陪劉志澄來，劉象山來。余以下午四時至李君佩家，商紀律委員會規程，諸人勉強允任，亦不作刺目之要求。六時坐謝君車至秀武家飯，遇廣州寶華街十四號洪門之葛大哥。九時回，黃小堂來邀明日飯，允往啜粥，譚話甚久而去。

9月26日　晴　中秋節

　　晨至黃筱堂家，攜去松江顏肇省家所做之豬油餃、肉餅，啜粥有腐乳，惜味不佳。出，在馬路擬為鄭味經家購椅凳，未見有相合者。入立法院，討論紀律委員會無故不出席一會期者喪失其立法委員資格，主張寬嚴顯有不同，主寬者以現留鐵幕內者當日無來之可能，事後無降之傾向，反攻時或作接引，何必不容在名單之內。余以為當日立法應定立法委員無論何故一會期不出席者除名，則各人於衛生交通兼職皆自為考慮，如此則有志於立法者不肯輕棄其職。余又以為在任期終了前三個月不得再補缺，此種意思余皆未發表。十一時即返寓作姊弟兄嫂姪甥一函，告中秋健康，託范祖庵轉，不知祖庵今日離香港九龍否也。十二時到鄭味經家中飯，以粉皮鰱頭、白肉元寶蛋、魷魚芹菜為佳，飯後鄭皓送余歸寓，休息移時始往醫院。余略臥，胡希汾來送港紙一千一百元，李涵寰來譚話，均吃楊寶儉送來月餅肉餡者。徐鳴亞、吳寅介來拜節，再與鄭皓同載自萬華歸。

　　今日天氣特熱，赤膊寫字，作詩一首：

爽晴餘燠中秋午，薄酒輕車臺北街，
盡室遷移猶未定，教人更把故鄉懷。

　　守至六時，陸味初來，約往探斗家，本擬坐三輪
車，莫葵卿汽車來送。自朱厝輪下女子師範，余及味初
下，而莫約秦啟文他往，意在怕於節日重復賭也。石年
丈他出，余留兩石請刻印一秦啟文、一王雅。眾賓群聚
於王世勛寓，王之姪婿陳華洲，台大工學院化工業主任
教授，談工學院之分系今年投考者千餘人十取一，化工
系多聘校外從事化工者來教，以期親切。王之內姪婿朱
虛白譚新生報初受教育廳師範學校榜，印差較多，其翌
日中央日報重登，竟稱某報謬誤百出，又指摘麥帥來台
時新生報記者挨上照相，又調侃一番。而中央日報登載
亦因搶先而陷入謬誤，如間諜案有應節者而全登，現階
段之政治主張不待最後修正稿而先排，最荒謬者為某晨
中央日報因司事者打盹忡而忘將紙板送香港中央日報，
後到而反說新生報有謬誤，從此積不相能而弄出笑話等
事。八時開飯，四冷碟以蝦及油淋黃瓜為佳，四炒菜六
大菜以米粉肉為佳，嫌太費矣。探斗問賭否，余謝之。
飯後賞月，同味初三輪車歸。浴後坐草坪賞月，王企文
唱引子及大鼓、單刀赴會，又說雪盃圓故事。草蚊囓
人，月光自雲疊而暈、而薄雲、而鵝毛一片，最後則如
浸大海，青穹上祇著一輪，云台北五年來中秋無此佳
月。十二時始就枕，閱李瓶兒死狀至出喪，乃熄燈睡。

9 月 27 日　晴

晨歸錦姪處食煎餛飩，又攜半碗與任憩曾食之，惜焦飯黍粥不殼炭黑。錦姪昨得觀紹興戲，三時始睡，今日精神倍增。歸寧樓，張壽賢率子壯廿八歲子、廿一歲女來謝監會贈款，並云母氏以勞動增健，又往謝白上之，余請帶去劉文川送來月餅兩盒。武保岑來譚倪公輔因家庭不能出來，二妻不協亦不合作，譚至十一時三十分始別。回錦姪處飯，紅燒肉經宿重燉者味佳。飯後睡起抹席，修與香港人信，送去港紙。得綴英上海九月十七日書，十八日下午二點半鐘擬自滬發，二十日清早即可到北平，車票二十萬人民幣，與吳教員同往，城內住東北園楊坤林家，如到清華園可住顧蔚雲處。公望來信催往秋游，寧馨亦為娘準備，老太太已能起來坐在椅子上吃飯了，安家費逐期準備送奉，老人只要有得吃吃便滿意了，嚴舅母亦表示感激云。薄暮俞時中來約下星期一西餐，余要求某日便飯以採訪周柏年材料。時中交來胡博淵自紐約來信，張靜江先生六日火葬，張夫人不願登報發訃，送殯連家人在內不滿三十人。張先生近年虔誠淨土，易簀前其家人見有強大白光三次，並有客堂供奉之彌陀佛顯現於張先生臥房帳中，證登極樂，家人欣慰。胡博淵六月廿一日乘太熊輪離高雄，廿五日抵橫濱，該輪須往大沽口裝貨，船公司招待住東京一等飯店三天，為購飛機票，以四一〇美元船票換七五〇機票，廿九晨自東京起飛，經阿拉斯加、西雅圖等處，七月二日到舊金山住十天，改乘南路火車取道洛衫磯（好萊塢），紐烏林、支加哥、必之堡、華府等處皆曾停留，

八月初抵紐約，紐約生活食宿方面比前年秋至少漲百分之五十，美人薪工隨之增加，外來之人吃弗消也。夜秦啟文、吳愷玄為錢歌川赴臺南餞行，到陳定山、謝冰瑩、莫葵卿，飲白蘭地一瓶，在草坪吃西瓜，月匿雲層不出。

9月28日　晨豪雨，十時始罷，下午略放晴，旋又雨

起身後雨，久待始停。點到中央黨部改造常會，與工作會報合併舉行，嗣後以每月最後一星期之第四日舉行此會，總裁殆將計日呈工。今日祕書處一至七組報告畢，略休息，又命鄧雪冰報告台灣省黨部各情形。總裁指示改造會成立兩月，改造工作正進行中，有人評為尚未出門，此由於討論法案太求全備而不能控制時間，實則商議有其限度，任主席者應適時解決，如粗而未備，則待下次改良。日人山林白樂云「有戰略而無戰術，無用也」，改造會議政策各組會定技術，黨事之不興，不講技術為其主因，台灣黨部即日宜改動，台灣黨務改觀，改造工作即為人所看見，各人應切實注意，大陸黨員種種毛病不能再貽留與台灣，台灣之學風應切實整頓。十二時三刻散會，沈昌煥以車送余返錦姪處飯，飯後略休息，為尋黨證翻箱。二時回寧樓，劉象山來坐，同象山訪黃麟書不得，於蔣公亮處得陳玉科香港地址。入小店吃臭豆腐干，擬往龍峒尋成惕軒，阻雨，乃散。在錦姪處飯，飯後即返寧樓。

9 月 29 日　雨

立法院竟日討論紀律案，調查困難，有許多不分明者宜逐一論列，至兼職案有例外，於當前而苛求於力所不及，事所難免。此乃上會期群情衝動所訂辦法，確有困難，余早知其如此矣。靜聽各人發言，緊張熱烈，免為其難，人類之可敬其在此乎。中、晚皆到錦姪處飯，譚伊幼時狀態以為笑資，夜早睡仍無用。秦啟文酒醉，俞時中來約星期日訪吳先生、星期二晚餐，余贈時中以暢流二卷四期，余有紀念靜江先生文字。晨朱品三、張百成來白事，下午為向祝毓言之。

9 月 30 日　雨

晨雨大，洗面後僵臥。錢石年來，同出覓點心，到中華書局旁吃生煎包子，伊往尋女到萬華。余入立法院財政委員會第一次全體會議，財政部代表久坐，而委員簽名滿十八人難乎其難，殆會成，所議事頃刻而決。張翰書談山西人，云中央銀行乃銀行之銀行，行政院乃政府之政府，孔總裁為總裁之總裁。山東館聞人問孔聖人何處人則命坐泡茶，吳佩孚為何處人則敬煙，武松何處人則敬包子，恭維到此為罷，不費一錢盡歡而別，如再問以武大何處人則必勃然怒而包子撤回矣，相與大笑。

下午飽睡後起身，天雨，作致穎姊及頤甥，有八疑詢問。李芳華為余購得清茶，余分三分之二贈張伯雍。夜飯在錦帆處。財政委員會分組，余仍認財政，餘兩組為金融及糧政。夜往西門町，秦啟文請觀紹興戲「迷戀」，低級趣味，不知所云。

10月1日　雨

　　晨六時半起，七時同秦啟文往鄰近鄭州街鐵路工會投台北市參議員選舉票，余投林梧村，文耀云是本黨老同志也。歸，購皮蛋啜粥，俞俊民、時中夫婦、周賢頌來，同往臨沂街接張九香後驅車往陽明山，至七十五號而門已扃。張乃琪將於本月二十日赴美國，向吳先生辭行，九香向先生致謝，而先生因天氣已涼，住山多費，於昨日遷回城內矣。余等經第一、第二展望亭、硫磺湖，而至八勝園後鐵路招待所，坐茶漚浴，惟乃琪因怕小孩傷風未浴。十一時返城，到五條通七號見吳先生，赤膊臥床，余恐其勞動，介紹諸人上床前一晤。吳先生已得胡博淵信，謂八月二十八日張先生已入彌留狀態，現白光乃二十七日事也。余還師姚叔來信及梁敦厚碑頭紙，即與張、俞、周等別。張傘尋采、秀，將飯，罄瓶老大房酒，食豆芽、韭菜肉絲頗美，貢干肉塊煨蘿卜尤美，飯後剝柚子食之，乃歸寧樓睡。薛佩琦（慕翰）來，云繼伊任太倉在三十七年四月之後為劉傑，今任台灣省政府編審，劉任之後又有一人，已不能舉其姓名。伊離任之主要原因為軍事工程索扣頭，而工程材料往滬請求亦扣發，於緊要關頭腐化如此，安得不敗哉。余同秦啟文在近處理髮，後同任戇曾赴南海路實驗小學崑曲同期，聽別母較謑，羅衡、張邦珍、徐芳皆來聽曲，最後沈元雙彩排思凡，扮相、身段尚佳，惟手相少耳，諸人盡歡而散。余同雷孝實夫婦子女返家，飲啤酒食飯，雷女小方閱「飄」，雷子高聲作投筆從戎對話，雷妻望之，述為寒士妻牽蘿補屋、藏酒待需之苦，出一邵傅學

文所贈馬鴻逵琢之翡翠戒，及與雷訂婚之鑽戒見示，此外別無寶藏矣。飯畢，於雨中到連雲街二十四巷二十五號訪陳伯莊，讀其油印詩稿，河內聞歌及游香港升旗山坐纜車下有「轆轆向人境」句，黃尊生墨批幾每首有之，盧滇生三十七年一敘，又有一老師宿儒批才氣縱橫，格律不細，蓋即功夫不足之謂，亦切中余短也。孝實車送余回，言某公話假失其雅，余謂雅者正也，失雅失其正矣，訂明宵酒集而別。夜起，於雨零窗撼、風號蟲唧中寫此，寫竟，鄰雞唱，唱數聲大雨，雞聲頓寂，遠處汽笛長鳴，余母氏佐先府君持家苦楚，無以為懷。

接沈階升複寫通告，立夫九月十九日抵瑞士柯城，十月一日之後赴巴黎。

10 月 2 日　雨，有颱風景象

晨紀念周，張屬生釋民權，歷一時始畢。同黃麟書、謝鶴年到寧樓茶話，余喜謂陳伯南治績，枉拋心力在天南，海南之損失可稱背城借億。

中午謝君請上國貨公司六樓廣東館，飲紹興酒，食禾花雀，實以香腸為第一。飯後秀武挾款來還，恐被人查訐，余兩到立法院未取到款，到樹華公司託問中本尚收存款否。六時走西門町，於國光見雲林，知錢錫元與海軍部涉訟勾結貪汙，已提起公訴。到雷孝實家備陳伯莊飯，以蟹及走油肉、青菜為佳，談至十時返。

伯莊云東西德之需統一，不必待一九五三必有衝突。吾人如何博取世界同情、大陸同胞之同情、台灣同胞之擁護，渡過難關，知機乘勢以圖光復，如毛腳反

攻，反為人所厭惡。

中國一周載羅時實筆記云，「黑地」德國譯為 Schwarze Ground，英國名黑梅花 Black Hawthorn，外籍載順治太后（康熙母）死時，江西巡撫郎某以國喪期間，宮中不能陳設彩花瓷品，乃別出心裁另燒黑地進獻，須用高火力連燒數回，只有一窰成功，今國內無有。華盛頓博物館有黑地瓶十一支，約值美金七十餘萬元，巴黎、柏林、布魯色爾各博物館有少數陳列，私人庋藏則屬煤油大王洛克腓勒和銀行大王摩根兩家。此外則為美人霽、蘋果綠和雨過天青幾種，美人霽兼有蘋果綠的印盒或筆洗，每件可值美金萬元，在美國華府美倫博物館中，僅槐登勒氏 Widener 一人即收藏二十餘件。

四不相：獸名，謂似鹿有角，似馬有鬣，毛鬣有尾像羊，足跡像牛，有四像又四不像，排在倫敦動物園鹿類圈中，即姜子牙坐騎四不相也。牌上記載約在光緒庚子前後，英籍傳教師在北平鄉間發現此一奇獸，送與柏德福公爵，經數十年的繁殖，至 1930 已有二十餘對。

10月3日　雨

立法院例會，行政院長陳誠率政務委員全體到院作施政報告，分發鉛印施政報告及其提要，上台讀提要畢，又提為肅奸捕人，為台灣如一隻小救生船，不能載重，故入台須有限制，謂即以飲料論亦有問題。及反攻準備三節報告畢，休息。余請其查有權逮捕人之機關之發文有無超越其職權者，其人員有無假公濟私，機關外之人有無假借權勢欺壓人民等事，即所謂剷除中間勢

力，使民無怨恨，良以肅奸大題目，人民有冤抑不敢
伸，深怕被戴上紅帽子，身家性命均不得了也。辭修問
我實證，余未舉出。十二時余歸寧園準備煙酒，即到錦
江，與白上之合請馬超俊、洪陸東、洪蘭友、任卓宣、
倪文亞、張清源、張壽賢、呂曉道、谷正鼎、蕭贊育、
王啟江，團團一小桌，吃二百元席，有豆沙包尚可口。
上之湖南人，不吃辣子，約二個月聚會一次，以遣反攻
前遙長之歲月。席散，陸東攜回黃酒一瓶，蘭友攜回包
子，上之攜回煙，壽賢攜回蘿蔔絲餅，余攜回酒。天
雨，任卓宣從淡水來，所請人一個不缺，且均從一而
終，費四百元新台幣，可謂得法矣。下午睡，修玻璃
者、修電話者、樹華公司沈淇為余存放款者均來，余不
得合眼，酒後亦不能入立法院，恐忍不住亂發言，乃閱
書不出。天雨，有颱風雨之狀，亦以不出門為宜。六時
後同秦、王、盛、邵飲餘酒，七時車往中心診所應俞時
中、張乃琪西餐，到朱騮先、張久香、李韻清夫婦，俞
俊民茹素，蟹、蝦、沙孫冷碟、來冗雞肝、牛排，並有
龍井一盃，飲白蘭地酒至瓶底，攜歸與秦啟文。改造第
三期出張靜江先生紀念專號，余攜十本歸。浴後以被潮
不能入睡，酒兩合亦嫌過多。

10月4日　晴

　　六朝風雨，今晨始見晴，風雨日亦露晚晴，如雷孝
實宴客之夕水凼，滿街西天仍現紅雲紫氣也。又某君云
月暈而風，台灣亦不盡然。十時至中央黨部財委會，
得屋三間，紀律會復監察會之舊，各組皆入木房，

木房，無聯絡廊，雨天苦之，每室無旁門，進出亦不便，前日余已逐一訪問，今日又同張曉峯言之。余晤曉峯為請批陸幼剛入境證事，曉峯謂總裁命余為中央日報常務監事，伊希望余在中國一周寫掌故，余舉楊佛士，佛士辭以不會寫白話文。十時半到農民銀行，與翁之鏞、趙葆全、仲肇湘、□□□說笑。十二時返錦姪處飯，已整三日不在家飯矣。下午睡，曝被秋陽明，薄窗綠增妍。

回教人士所出光復第十一期有吳聲鎬之甘新鐵路計畫，是由甘肅天水經蘭州（天蘭為第一段）、永登、武城、張掖（第二段）、酒泉、玉門、安西（第三段）、哈蜜（第四段）、古城子、迪化（第五段）、綏來、烏蘇（第六段）、塔爾哈巴（第七段）、俄屬中亞西亞之塞爾角波爾（第八段），總長三千二百五十公里、六千五百華里，等於自廣州到長春。共匪擬 1954 年完工，其中第一段已有路基，第二段在祁連山範圍內，地勢險峻，有無數支流，或者匯入黃河，或者流出塞外，施工較難。第三段疏勒河、額濟納河無數內陸小流都是由南而北的傾注，與鐵路直交，祁連山在這一面層峰疊嶂，高與天齊，工程上有無比的困難。第四段運輸最困難。第五段同第一段。第六、七兩段一在天山山脈內，一在阿爾泰山山脈內，崎嶇險阻，幾難形容。塔爾哈巴本在大宛國，當阿爾泰山之正脈，無三里之城村，有萬年之積雪，惟離土西鐵路已近，材料易得。第八段俄國負責修築，但係草原潮濕地帶，亦有困難。莫斯科至海

參崴一萬二千公里之鐵路恰好在新西伯利亞東西各六千里，土西鐵路北起新西伯利亞，南終土耳其斯坦，將來戰事爆發，中國之長江流域以南及沿海諸省，俄國的貝加爾湖以東及東海濱均有被迫放棄之可能。有了這條西北大動脈，共匪就可以背靠中亞、西亞，與俄國莫斯科及印度、阿富汗、巴基斯坦息息相通了。

薄莫赴錦姪處飯，天雨步歸，天黑想冬日更為不美，去時在路上口占絕句：

烏雲撼背漫天漾，斷處還留一道河，
河底晴雲沙磧聚，兩灣秋碧瀉澄波。

夜移沙發靠書桌，蹺起雙足閱閒書，浴後復如此，甚適。

10 月 5 日　雨

晨同任懇曾三六九糰子，經濟紅兩鮮味佳，嫌過飽。到立法院出席紀律及資格審查聯席會議，王力航曾往任湘省府委員，群主喪失資格，余主通知王本人限制兼職，竟及不能為典、襄試委員，余以為太嚴，群主照舊，余亦離去矣。大半以能限制人為快，不管能實行否也。回寓，高蔭祖來白事，余勸其勿訴訟，並回第四組工作。入晚與曾虛白言之，曾據調查為無此嚴重，惟陳天鷗不加可否，祇知確有二千元借據在中華日報，黃國書又不深悉，此事事在疑似間也。回寓飯，飯後命小葉赴廈門街富民米廠取米，文耀謂當依通知令富民送來，

不來則交涉，此不知精神損失不值得也。王豐穀來送炳弟、萃弟、桐弟、靈巖來信，囑寫仁信大公貿易行市招。回寓飯，夜往中央黨部，誤闖陳誠等請預算委員會西餐席，余退出，候至八時半始開成中央日報股東準備會。九時歸，采、秀率方肇岳、肇衡姊妹來，新自九龍來，自己在屏山搭房，頗為經濟。子樵自己燒飯，真是在危時絕處增益其所不能，非天將降大任於斯人也。

10月6日　雨

晨立法院陳誠來報告四十年度預算，余聽至十時赴公園，經三六九，食肉心湯糰二枚。入中國之友社二樓中央日報股東會，黃少穀主席，監察常務增為三人，張星舫、胡健中及余當選，余得二萬二千餘權，幾全體矣。余演說節約、大方、尊黨、為人民四點，拍手者多，群以為說真話敢言，倪文亞以為有國民黨前輩風度。一時飯，攝影散。余回西寧北路略臥，到中央黨部向財委會星期日借車。晤虞克裕，自香港來，譚徐堪出國前被逼事。余遺失炳弟等昨寄來家信，尋而未獲。五時入立法院，六時半陳誠、張厲生宴立法委員自助餐。歸途同韓同入陳海澄寓，伊妻昨日得一子，約彌月往賀。睡前秦啟文為余覓得家信，在路平甫房中，余極喜，蓋其中有萃弟關於公望、寧馨之描寫，及靈巖姪女懂得父母艱苦的報道，消息彙誌於下：

（一）寧馨衣灰布短衣，並不整潔，帽亦褪色，食小米稀飯、黑麵包、大鍋菜，住房四人一間，被服不潔，地亦欠掃。工作甚忙，不時有男女教員來譚

民校事，書籍、桌椅、校具等等皆要管到，終日甚忙。出行則跑路或乘自行車，讀書升學認為無必要，婚姻尚未到需要時期。

（二）公望穿青衣，較整潔，食、住比寧馨為好，行則有時乘電車。對工作很有興趣，正在考究拍照及編畫報，升學亦不注意，婚姻亦未看重。

（三）延吉正學農業，對雜交嫁接加以注意。

（四）萃剛灰布短衣、戴帽，食小米稀飯或黑麵包，住屋一人一間，相當整潔，行則跑路或乘自由車。工作專負育苗技術之責，精神相當安適，房門箱子不鎖無失物。

（五）綏芬本在復旦讀書，與靈巖時常碰頭，相處甚好。寒假中她投考了中國醫大，已歷半年。

（六）靈巖因暑假中父親的公司中要辦訓練班，想減輕父親負擔離校工作，後聽大伯伯、三伯伯之勸繼續讀書，大學再要讀三年。

（七）小宛由去年五月崑中轉入京大，不久開赴西南，路過貴陽。傅沛然去探，拍照寄回，男孩打扮，現已到雲南。

（八）璜職校舍已完成十之七八，虧空不少，炳寄去百萬還空不少。

（九）元釐進蘇州中學，歸妹、稚柳同好婆在蘇州洪澤小學。稚柳在幼稚園畢業，將入小學，元釐星期日購糖果、餅干、圖畫書本給弟妹。好婆燒好菜，外孫打牙祭，中綿還太小，明年才能入學，他很頑皮，不過還肯聽話。

（十）建庵八月十九日赴北平留三星期，今日返滬。

（十一）八月廿五日星期六奐甥、筠婦買雞添菜，請豐
　　　　哥嫂、錫弟全家、霞哥哥吃餛飩。

（十二）晝三家小菜豐盛，別家辦不到。

（十三）璜涇杜籼每石約十九萬元，阿桃生麵二千五百
　　　　元一碗，合一升多米，吃客不多。

10月7日　雨

　　晨稀飯略帶焦味，覺好吃。雷殷來還千元中之七百元，余收五百元，其餘請下次再還。談儂智高既破南寧陷廣州，仁宗皇祐四年，龐藉薦樞密副使狄青可為將，青請以番落軍二千為本部，征平則還別募軍隨征，事平則落籍。雷之上祖次一公名大據，係山東武舉從征，以五年正月十六日克崑崙關，嗣克大南偽都，南寧儂智高奔滇為猓猓，今龍、陸、盧皆儂族也。雷與趙、王諸將皆落平南村，青引軍歸，平南村無姓狄者。岑春暄祖遠祖名仲淑，為軍醫，紹興人，亦隸軍部，留知永寧軍。雷大據留守橫山砦，今橫縣有雷祠。雷談畢，劉象山來，同隨任憙曾出，至師範學院籃球房觀鐵路與台電賽，鐵路勝，有九號瘦子擲中最多次。又觀北二女與台大比賽，大學燙髮，中學生直髮，直髮者勝，有十號、十五號極靈敏，惟體格小耳。歸飯，飯後王雅、黃善璞來，善璞之婿林森曾已卒，遺男女在廣州讀，有信來求濟，余贈以港紙五十元，天雨又贈伊紙傘。

　　七時韓大使及領事還都漢城晚會，余往參加。前次最美者管簽名，並率先對舞，此外有高麗歌舞三次，有

一次擊兩頭鼓，一大一小，緩輕無生氣。同張壽賢歸寓，談中改尚未能使願效力者人盡其力，信己之能而處處以改為急，用力多而成功乃少。

10 月 8 日　晴

　　晨六時起候車，於七時半始來，秦啟文以七時前赴新竹，秀妹來持鑰開門。英妹來告秀妹房有啼嬰，余往視，一嬰男抱手中，正餵糖水，不知昨夜以何時生及何人為之料理也。開門洋洋如平時，台灣女子信強健哉。余坐車接采、秀、岳、衡至士林園藝試驗場，劉大悲已在辦公室，導觀臨時禮拜堂，繩椅、聖經皆已安置，總統夫婦椅較大。出，游新蘭亭，盛放者一大盆蘭，昨晚蔣夫人請客取去作陳設。余目入大悲家觀蝴蝶蘭，活兩棵，大悲託注意徐庭瑚事。辭出，車至北投，停善光寺柱門，步行上山，遇住持尼淨空自日本總本山歸。入寺，諸人覺靜適，余亦上香行禮，求吾慈親在泉下安恬快樂。本日八月二十七日，先慈生日也。淨空攜□□□茶羅繪相歸，為余等解釋。余題紀念冊云：

山風松氣迓玄衣，師父擔圖日本歸，
世界萬千同一劫，此心靜處即皈依。

　　下山往鐵路招待所茶浴，肇岳在洗臉盆滑失耳環，上山寺，腳後跟破皮出血。十二時歸，入仙華樓飯，以炒豆芽為最佳，五人僅費四十元。回采秀寓，食岳、衡香港帶來廣柑。坐三輪車至潮州街三弄一號方仲豪家，

仲豪茶沸方歸，約後日夜飯。同坐三輪車到羅斯路四段
台灣大學，離水源地已不遠，校門若一機關槍堡壘，字
亦不壯觀。入門由狹水門汀道入，兩旁為各種建築，道
路不整，荒草亂石有礙觀瞻，傅孟真不長於庶務，亦不
會管理人，得人為之出氣力，於此可見。九月來從無北
大同學約往游玩者，畏其脾氣發也，然余亦招呼人不
多，北大同學之吃虧在此。乘三路車返公園路口，步行
歸秀采寓，余向劉光斗索麵斤半，諸人同飲饌。岳、衡
以求事供養父母為急，內心不易歡也。飯後余歸，坐三
輪車過圓圜，淒然有感，成孺懷一首：

舊時聖誕先慈誕，眾視尋常我獨悲，
禮佛酸香和淚麵，孺懷難狀母能知。

歸寧寓浴，閱黎庶昌續古文辭類纂。

10月9日　晴，有風

晨天氣晴朗，步行至黨部，在財務委員會坐茶閱
報。參加紀念周，唐縱講特工之重要。散出，到臺大醫
院病房樓上 403 號探焦易堂先生胃出血，其夫人向張默
君先生流涕，余寫片關照張其昀祕書長。回寓後任先生
掃雞棚，余往觀看，昨晚又失雌雄各一，余頗惜之。中
午回錦姪處飯，飯後回寧樓睡，三時將往立法院聽嚴家
淦報告。洪叔言、蘭伯引吳景洲長女適潘家□者來訪，
叔言攜來墨池，囑寫謝于立忠醫師各件。馬桐亮亦來，
告馬霞青於今年三月十七日在重慶生一女孩，現歸南

京，陳俊傑則在常州得小就，桐亮現無事。五時同洪、吳上仙華樓食點，乃別去。尋劉象山不得，約朱學參飲酒，伊另有事，乃回錦姪處夜膳。膳畢回鐵路禮堂觀京劇，以穆柯寨之焦贊（李奇峰飾）及青風亭張元秀（關文蔚飾）為佳，張喜海之賀氏亦稱職。演至夜深，一時歸，食白粥乃睡，睡極熟。王企光亦謂天雷報演得可以，伊曾見余叔岩、王長林演此，長林飾嚴氏丑角本等戲也。

10 月 10 日　晴

晨返錦姪處送票食粥。九時至總統府，十時紀念典禮，總統讀告同胞書即散。余商居先生，為元旦國慶典禮應通知中央委員參加。赴三條通吳保容處，同訪袁永錫及陸京士臥樓，兩家前後斜，作鄰可望得見也。中午食饅頭一、粥兩碗，豆腐干紅燒肉極好吃。遇李小姐，李平書孫女，向伊兌美金十元 102。飯後歸，天晴，臥二時。四時到維納餐廳參加陶希聖子泰來，娶靠攏立法委員晏勳甫女章沅，湖北人，新聞界、中改雲集，幛掛滿，居先生作證婚。六時至方仲豪處飯，菜苦太多。八時陳君送我到鄭州路鐵路禮堂觀劇一匹布及大英杰烈，陳秀英由郭淑英飾，頗好。余遇陳伯龍夫人。十二時始散，吃稀飯及飲品，得熟睡。采、秀、岳、蘅今日上指南宮，並游碧潭。

10 月 11 日　晴

晨劉真來，允子壯次女入體育系，惟不可轉學，一

因台灣需要體育教員，二因考試時學科不同也。師範學校驗體格，不及者得覆驗，王女初云心臟病，覆驗云不劇可以習體操，患肺病者得保留學習一年，藹然仁政，余極欽佩。九時往中本，為中監同人結利息。入彰化銀行取侯雋人退回之三百元。赴中央黨部略閱公文，並告張壽賢以王小姐得入學消息。回寓作覆炳、錫、桐、巖、熙信。回錦姪處飯，飯後三時參加中央黨部工作會議及紀律委員會第一次會議，何敬之未到，朱騮先請假。五時返，六時半同秦啟文國貨公司六樓飲酒一瓶。八時觀話劇人獸之分，女主角為威莉，長腿肥體，態度鎮靜，可兒也。十二時散，在浴池一浸，仍得美睡。今午在黨部得台中姚漁湘信，為張靜江先生丁丑當為紀元前三十五年。入晚得張夫人所寫行述，稱生於一八七七年九月十九日。張夫人作書謝余，並婉謝勿印紀念書，云靜江遺囑諸事從簡，切勿驚動親友，值此國難方殷之際，實不敢有累諸位親友費時費錢。

10月12日　晴

寄發上海家信，託思豪、王璞轉交。訪世界書局李韻清未遇，入立法院取信封及委員住址冊。沈善琪來囑謀事，余好言安慰之。回錦姪處飯，飯後臥久。胡秀松昨自九龍來，云共匪度江伊即離江西，所以赴柳州，一疑港紙貴，香港費用大，二以廣西自治辦起多年，定然安定，熟知皆不然。王豐穀來，胡去，豐穀約星期六晨訪劉季洪。既而祝兼生來告林鼎銘、成根兩同事不願將表列各案分別工作，余勸以和衷共濟。歸錦姪處夜飯，

步行過榮元，為張志恆改先叔壬士公事略。歸，擬候張道藩來觀人獸之分話劇，道藩不至。鄭味經夫人率子女三人來述，鄭皓所嫁為朱少屏第四子，在高雄港務局工作，十一月十二在錦江結婚，請余證婚。余引諸人往觀話劇，余觀至第四幕即歸。

10 月 13 日　晴，四時陣雨

晨赴立法院聽經濟部長鄭道儒修正審計法，應併研究公司法及國營事業管理法，以期配合一致發揮效能，其說話之具體者，擬規定事前審計及稽察辦法暫不適於派有監察人或監事之公司，其舉例為出售廢鐵，依審計合法，而公司或吃虧。其說有一部分理由，而審計法增列公營事業可使公營事業不能依據企業原則靈活運用，必致發出阻礙與弊端，亦屬確然之論。次賀衷寒反對事前審計：（一）以為合法保障消耗國家資本；（二）以為藉口規避上級機關財務上監督，此法理宜重付審查。至下午表決，主張重付審查者差四票，繳卷心理占一半，審計制度根本有問題，不止鄭、賀所說占一半，而立法院不樂聽人之話，情致顯然也。余與十一時至台灣廣播電台，同張默君評新詩，止錄一賣豆漿對話為三獎，留飯。回寓睡，下午赴院，雨中搭江一平所雇汽車回。獲綴英九月廿七日北平書，廿一日上午七點五十分抵平，住楊坤林寓。廿二晤公望，廿四晤寧馨，下午去觀寧兒的地方，寧兒瘦，手臂細得很，面孔還算好看。公望患氣管支炎，左邊肺尖上有些痛，面色黑而黃有些青，要絨布褲子及頭繩衣服。寧馨在西南，離楊家十華

里，公望在東南角，離楊家六、七里。綴已游北大及清華，約四十日南返。余即覆書，主張留平兩月，當分別寄款。夜到俞時中寓飯，遇張九香夫人，約星期夜飯。九時歸，為張道藩來觀話劇又去照呼，晤蔣經國夫婦及慶、朱、夏、王、錢諸夫人。

10月14日　晴

晨於朝曦中上台北車站，搭三路車至師範學院下，穿院中至雲和街，朱鍾祺剖蘋果，余請其削皮，泡水飲之。同王豐穀穿師範學院，劉真出招待，余即赴金山街正中書局化千元租得之編輯所，李慶麐等為臨時住客。葉溯中來譚正中之歷史，劉季洪來譚正中之困難，尚放手不得。余介紹王豐穀與季洪，譚一回並為史尚寬所編土地法作出版介紹即出。與豐穀別，走和平東路小巷尋徐向行，子女正發燒，伊亦黃瘦。每星期兩次往探丹山，丹山仍暴燥，住房已讓一間與別人，零用還可以。余即歸寧園，陳濟棠、馮錫如、黃麟書、何聯奎來，皆不遇。回錦姪處飯，飯後臥。馬桐亮來，據立法院議事組周肇源云，馬之離畜產分公司係抽籤抽中，因為之介紹與龐松舟主計長。三時李韻清來，先談世界書局各地均為共產黨接收，改稱新華書局，其初先派人來看管，逮頭腦認清，乃分地接收。上海淪陷前擬先運機器來台、港，甫運三十分之一，共產黨地下人員即出阻止，紙板祇運七十分之一，現亦全被燬壞與出售。若當日將紙板先悉數運出，不運機器，亦較能存在。現時以餘書及四角字典教科書以掙扎，本年秋銷列第二，僅次於正

中，但無法擴展，更希望反攻後得政府力以圖恢復。次談農工銀行香港分行竟為吳菊初席捲港紙一百餘萬逃往內地，石曾先生赴美之盤纏亦被捲去。齊雲青先曾於去年二月發現菊初倒一宗友人款，不即法辦，仍令其為分局經理，祇於分局上置一區局帽子，實權仍全在吳手，而雲青先往曼谷放棄管理之責，在曼谷組織一太平洋信託公司，李先生之經濟基礎損壞，吳先生為常務監察人，亦深責之。三談李先生在上海、北平之事業皆為接收。四談在瑞士之國際圖書館得烏拉圭政府補助美金二萬元，已令館長蕭子昇遷來孟都。五譚李先生正在寫靜江先生傳記之一，寄歸印刷，寄來吳先生祝張先生七十壽一稿及李先生三十九年一月行抵南非舟中跋語。六譚靜江學院，余主在美州與台北兩地均發起一籌備會，立些基礎。夜韻清在南陽街三號建設廳招待所招宴，為俞時中夫人餞行，李夫人能飲，盡白蘭地一瓶，新貨微辣，座客有寶山羅店萬君、上虞丁新娘朱人采之同學也，年二十一。

10月15日　晴　星期

晨送秦啟文往台中、彰化，在台北車站餐廳早餐，費錢而量少，食餘麵包三塊給一圓臉報童食之。到陸京士寓，共方希孔談，有甘永鉅者為基隆聯合檢驗處偵訊組組長，娶妻馬，住沙頭范長隆東首，余等即託以保釋吳龍文事。出，訪袁永錫妻，留余中飯。余自水溝取斜路上新生北路輪，松江路遇于小姐及其女。入訪立吳，立吳方誦佛號，譚吳達詮不算壞人。歸袁家飯，以四季

豆為佳，蝦仁油炸嫌老，牛肉圓、青菜亦佳。飯後歸臥，劉文川、談龍濱來坐久，余乃放棄崑曲同期不往，留談、劉酵肉煨麵乃別。七時同周賢頌入張久香家飯，以金銀蹄、滷肚為佳。九時返寓，久香說笑話，杭州汽車夫誤聽儐相為冰箱。

10月16日　晴

晨紀念周前，張曉峯勸余撰文為革命黨人寫軼事，余怕發表文字，辭。昨得莫紀朋書，今日舉以問，謂正在照余意見辦理中。方肇衡覓事，伊亦允安排。紀念周袁守謙講共匪陸海空兵力及備韓犯臺企圖及吾軍整理報告，言外可見吾軍祇六十萬也，游擊隊與國防部聯絡者百五十餘萬，周恩來云二十五萬。詞畢，于右任先生言以岳武穆滿江紅詞作軍歌，改詞云「壯志飢餐朱毛肉，笑譚渴飲俄寇血」之非。白崇禧送余立法院，資格審查會已散會，財政委員會正討論中央銀行理事，主專任者多，余主其中應有實際經營農業、工業、商業及銀行業者，此種人以兼任為便，故主有專任亦可以兼任。主張懲當前弊者均力主專任，且以主兼任者為代政府立言，如榮照等，頗為可笑。而行政院來書則云台灣幣制、金融均已有規模，不宜再事更張，而將來收復大陸後之經濟環境如何尚不可知，目前情隔勢禁，殊難預料，認修正中央銀行法時機尚未成熟，亦不合理也。回錦姪處飯，紅燒蘿菔頗美。下午睡起看雞，坐園中乘涼，劉象山來，以子患猩紅熱，共產黨送往醫院。王豐穀送來震弟九月十七日璜涇書，十八日到王秀橋吳宅再加上幾

句，及炳弟九月廿九日書：

一、璜涇家中前後兩廳檯椅俱無，比太倉錢家保素堂還不如，二弟詩「器具蕩然徒壁立，先人泉下亦銜哀」。

二、九月廿六中秋，細雨濛濛，錫弟燒鴨子請穎姊，豐哥嫂因寶賢不在家未往，炳亦在家看囝未往。香斗係迷信之物，各家已廢二年。

三、后學詩逃來上海半月，不思上進。學素甘作小星，不與家人往來，雖在滬，從未來過。

四、魏敦義已過世。

五、胡佐文肺病復發，晝三正為醫治。

六、小甘妹仍壞極，吟龍在九曲開店，尚過得去。愷儔在北京鐵道部辦合作社，前月曾到上海住二十餘天，所領之子患腦膜炎過世，其夫人四月間已到北京。青蓮、柳柳、文炳均好，文炳往來滬、港，做生意甚好。

七、綴英攜往北京之吳教員女人男性，與綴英相同，且瘦而難看，奐、錫、炳都謂不配，想公望決不會要。

八、陸賓秋二年無事，坐吃山空，擬來台覓就。

九、任炳元在四川瀘州解放軍內任事，任鼎乾、包祖基、傅汝霖、葉雲書均在，公達尚可過去，鼎乾起碼有三、四個小孩。

十、晉奎安逸，其女未嫁。

十一、沈禹昌祖母死在西宅後進，拆牆進出棺材。

十一、王申禮校長具公函來，取藏貞保赤基金及教員助教金共六錢三分，約為六十五萬元，領款人

為戴貢三幼女、戴一飛長女，奐甥曾留餛飩，用款用途為添幼稚園課桌。

十二、唐忍庵患頭暈病，已不能做事，恐成廢人。唐丕汾甚好。唐海平窮困，已來領津貼，答以須至年底。唐履安在璜帶領一子，妻琵琶別抱，子為其親骨血，現賣燒餅度日，曾向穎姊借米五升。

十三、陳慧弟來申謀事無著，借以十萬。

十四、於錦江在青島紗花公司，於仲青在過磅處偷人鋼筆被開除，錫賠款三十萬。

十五、嚴洗塵作古。

十六、李任之弟李傑留德十五年，甚有學問，炳弟常往請教。

十七、舜侶想領出送人，惜無人要。

十八、震弟於八月廿六日到歸莊晉奎弟處批小洋襪、肥皂、絲線、鈕扣，廿七日早晨即在門前王祥茶館設一小攤，約賣萬元，一日可獲利二千。

十九、今年收成尚好，糧分四十級，公平合理，不至吃虧。

二十、璜涇市上各店生意均屬清淡，俗謂金八月，現在一些不像，底子枯憔，無怪其然。

二十、傅雪初花行又開了，小做做。

廿一、狄叔雲年老，住河南街，永泉之叔、馥生之舅，常問震請助。

廿二、傅全官常來討飯。

廿三、斗南日與阿飴吵鬧，典賣度日，情亦可憐。

廿四、九月十八日震弟往王秀橋朱家，杏哥白鬍，神氣

尚好，炳生到田中捉花。

震弟詩兩首

玄武池茶罷歸而有感

啜茗歸來已上燈，四兒環繞若賓朋，
室人歡笑忙迎迓，稚女殷勤善奉承；
秋菊待舒兄遠往，香醪引滿月初升，
高樓夜半星光爛，錯認豐城劍氣騰。

偕留因至歸莊與晉弟商設小攤

與爾飯後歸莊去，十八里程半日回，
為設小攤商計畫，無如大眾少錢財；
途經吳宅樓仍在，淚想吾家屋受災，
器具蕩然徒壁立，先人泉下亦銜哀。

10 月 17 日　晴

余懷不樂，到立法院一次即歸，竟日未出。鄭澈來談，昨余往伊家送禮留麵，見皓婿朱歐生，鄭敏婿林則不見，知鬧彆扭。昨夜曾往向采處，今日路上又遇秀武。兩飯皆在錦姪處，錦姪牙痛有膿。韓同今日十萬頂禮圓滿功德，囑載入余之日記。在佛像前設長板，五體投地，脫長衣禮拜，數十拜後，汗出如漿，與胡立吳之高宣佛號、做功課時閉門不納人同是苦功。

10 月 18 日　晴

到立法院聽預算議論，點卯而已。何子星來，交伊

中監會付蔡子民夫人款港紙五百元。子星講中華書局編
教科書事，陳雪屏云中華書在香港印刷不可也。余又蓀
來出示答辯書，未傷及傅校長半句。得許青蓮書，伊住
上海高安路 88 弄三號尤太太處，良圖在南翔分行，鍾
權仍在南京行。

10 月 19 日　晴，重九

　　晨到立法院，在財政委員會簽名，本日分組審查預
算。到黨部，同沈祖懋乘谷正綱車赴陽明山，革命實踐
學院第八期結業，總裁主席，以一小時講最近紅藍兩軍
在林邊演習之缺失，及裝甲軍撞死人軍紀最壞，海軍次
之，空軍又次之，陸軍較好。陸軍行軍有赤膊者，太嫌
野蠻，其引人笑者為登陸太密集，其審判官判某部已傷
亡，而傷亡者仍起來戰爭。余聽軍事講解，新鮮有味。
休息後又講國際形勢，云近一月亞洲實際有變化，五年
以來蘇聯不許有國軍在東北，更不許其在大陸，恐侵犯
及其領土也。今美軍越三十八度，有人說進百五十里當
止，此必不然，主要之敵人到了北韓，東北及海參崴遭
威脅，共匪在東北之兵力不足以當之，蘇俄必出實力防
禦此一缺口之爭也。其第二缺口則為越南，中共在越北
集中兵力與在東北相同，北韓既敗，攻越南是維持蘇聯
威信，法國在越南的兵力不敷防禦，即空法國兵來助越
南亦不能敵，中共恐將得手越南。此外中共又進兵西
藏，如此則台灣一目標列為第三或第四，危險減少，但
危險尚未過去，我正好盡其在我，謀定國之方，克當前
之難。至聯合國，我亦可漸漸爭取主動，不必憂矣（在

會場遇闕漢騫）。

　　辭畢十二點一刻，余未參加大會餐，隨李君佩至後草山總裁官邸後居覺生先生寓吃空軍俱樂部之炒飯，叫來後重炒，佐以肉片豆腐湯及醬蘿蔔，並吃麵包。飯後浴，浴已解寐，房前望得頗遠，種柏、杜鵑、桂、櫻，櫻吐秋花數朵。有一磚塔峙庭前頗靈，薄如銅鑄者。二時半參加後仔山柑桔示範場于先生所召集詩人會，台灣詩人鄭重其事，有印詩分發者，有陳列靈芝者，有以手卷攤地展覽者。于先生於簽名紙上敘云「群公咸以康濟之懷抱，發時代之歌聲，為詩學開闢新的道途，為生命肩負新的使命」，可以知其心事也。場在公路旁，地名山仔後，離陽明山不遠，近處有山若兩連饅頭者，草木甚茂。遠處為大中諸山，飄雲游霧，遮　山角。入場後有一龍柏甬道，道兩旁為諸植試驗場地，頗狹，工房亦小，諸詩男女擠甬道間。入口處台灣人一堆，簽名場各黨派男女一群，工房廊下居先生與洪蘭友，于先生衣黃葛短衫，往來招呼人，時勒其鬚，呵呵作笑。李君佩坐工房旁一場，有一方桌，桌上香蕉、柚子、茶及檸檬水，再進，由甬道盡處有柏籬稍折，見一大方培植場，最遠處為水亭，近處有綠橘一堆纍纍枝頭，奚志全摘其一藏小皮包中。既而張默君引盧釩競來，諸人上山巔集合攝影，鄉人不知，容有疑是送葬者。趙守鈺不良於行，有人云今日做詩頗多好手，余云亦有壞腳，相與大笑。余見吳愷玄後乃回，居先生約往伊家飲，余辭。入秀武家，引岳、衡到寧園，命人購蟹不得。歸，在吉荓購菓子蛋糕，向、秀、岳、衡、余分而食之。岳炒韭黃

肉絲、橄欖菜皆美，假蟹蛋太酸。武作爆肉時間不足，
藕湯排骨頗有美味，糟白魚絕佳。飯畢本擬觀祖國之
戀，電燈熄乃還。坐於寧園草坪，半規初九月，數陣涼
風，坐久感露寒衣濕乃散。齊世英來為董宣猷拉票，未
遇。鄧公玄又來，余前已允之。狄家銑來告京士將結束
自由中國勞工同盟，愁失就，並為擎華、受和籌濟助。
劉象山來，愁無事且無錢濟家用，余倦極睡。俞時中夫
婦來白，日內將赴香港。

10月20日　晴

　　晨往立法院，今午選舉各小組組長，共分十四小
組，余被編入第六。議事前場前後唧唧喁喁，頗有交
易，議案已不引起注意。休息後劉健羣被召往士林，劉
文島代理主席，力竭聲澌，通過十餘條。十二時半選
舉，余選鄧公玄，東北人都選董其政。回錦姪處飯，取
美金交俞時中帶去，交孟尚錦分匯平、滬，俞君四時來
取，明日做黃魚行矣。天熱，余赤膊，至四時許天氣晴
美，余往鐵路局與吳愷玄談暢流半月刊應開稿人讀者大
會以徵求意見，愷玄謂病在太舊。今日見秦啟文，辦公
室又遷至西曬可及涼風不至之室，余不謂然，愷玄謂盡
量退讓之故。余往尋黃仲翔，適甫離家，與其夫人譚一
回。在臨沂街六十巷尋張百成、朱品三不得，乃到朱慶
治寓。留飯，飲英國酒白馬，攜回乾琴，菜以鹽薺豆
腐、宣威火腿及線粉湯為佳。談何家橋念慈小學，已捐
給學校之田畝不列土改。歸寓，楊胖兄在，酒後任君陪
往上北投宿，臥室空關劉鼎九所購之雞雛九隻，被鼠拖

去四隻。午間在院有人說笑，甲問貴處那里，乙答保定，甲再問幾期。

10月21日　晴，下午豪雨，夜止

晨因李君佩赴為中國鹽業公司赴台南。余赴黨部，翻康熙間使蜀紀行，在明末之後併科舉行鄉試，自山西度潼關，入西安，下嘉陵，西轉新都出峽。回與祝毓談，並與林潤澤談。同夏老夫子敷章到羅斯福路三段購布鞋，山東人製者，線露鞋底，後於南昌路古亭區得合式者，順便訪王子弦。乘三路車回，遇蘇州青年業紗布者（華致康，蕩口人，父□□，善奕，蘇城專諸巷珠寶商），以三輪車送余回寓。余回錦姪處飯，飯後王祖庚同其夫人南翔方氏來，天雨甚，假傘方能歸去。余偃臥後，同任、邵諸君飲乾琴半瓶。路局中人請凌宏勛，余與晤面，諸人拉余同席，余未允。夜又甚雨，采、秀明日擬游竹南，恐無望矣。

關於蔣總統各節

（一）生年：民國紀元前二十五年九月十五日午時，西曆 1887 十月三十一日。

（二）曾祖祁增，祖玉表，父肅庵，母王（民十去世）。

（三）廖仲凱被刺：十四年八月二十日。

（四）中山艦事變：十五年三月二十日。

（六）特任為總司令全權處理北伐軍事：十五年六月五日。

（七）清黨：十六年四月十一日在南京召集黨務會議，
十二日清黨。

（八）第一次下野：十六年八月十二日辭總司令職，
十七年一月九日復任。

（九）任國民政府主席：十七年十月十日。

（十）第二次下野：二十年十二月十三日，二十年九
月十八日日兵佔瀋陽，二十一年一月二十八日
淞滬戰爭。

（十一）西安事變：二十五年十二月十二日被劫持，
二十五日離西安返南京。

（十二）重任國民政府主席：三十二年八月林故主席
逝世，十月十日重任主席。

（十三）受降還都：三十四年九月三日南京受降，卅
五年五月五日還都。

（十四）晤毛：三十四年毛澤東於八月二十八日到重
慶，十月十一日離重慶返延安。

（十五）政治協商會議：三十五年一月十日。

（十六）就任總統：三十七年五月二十日，卅八年一
月廿一日引退，卅九年三月一日再任。

10 月 22 日　晴

晨六時起，以七時赴中信局，擬隨同秀、采往竹
南，車已行矣。回寓，獲綴英十月六日書，公望經醫透
視肺部正常，延吉骨格大了一些，也是狠瘦，延吉已拿
得動大鐵鋤，可惜後來又不做那個種田的事了。其離婚
生母胡斐玉用度浩繁，欠了上海房東及各人許多債，又

要和他打官司，延吉說將來有了薪水也無法供給的。綴英十月二日游天壇，九月三十日公望導游北海公園，三號寧馨導游萬牲園，四號同張路展夫婦游故宮西路及中路，五號赴清華園尋顧蔚雲，大概十月二十日或十一月內南返，余閱畢頗慰。同秦啟文至車站，遇孔達生，約十一月一日酒敘，去年此日同游成都望江亭，見雪濤井畔小女人。上車遇北大同學孫德中、立法院同事蔡培火、陸福廷、曲社同人周雞晨、朱虛白，虛白攜一圓臉女弟子無錫俞小姐，此外又有五人，共八人為一組赴高雄運動會。雞晨攜燒酒及滷蛋、肉鬆、冬菇、豆腐干、花生諸下酒菜。十一時抵新竹，轉車經竹中往竹東。莫局長子若礦學工程，今日竹東大橋安放鋼梁，特來參觀也。登支路車，僅一分鐘即開行，竹風撼車箱，頗為利害。過竹中，車即沿上坪溪行，卵石為床，灰山作壁，與東部所見之惡溪無殊。將到竹東，先穿一山洞，山洞處開慢車，啟文云山會移動，正怪事也。到站，瞿副主任□亨用電動查道車送余等往橋工處，時因風大不能動工，共十四孔，已架八孔橋礅，工費約一百二十萬。再進為橫山大橋，十七孔，需百四十萬鋼梁，洋灰在外。再進為十分寮，再進為內灣，支線至此而盡。工程處即以內灣為名，專載運洋灰及煤，近處並有煤氣可燃燒，此線三十六年開工，鐵路局所籌開也。內灣之內皆高山族，離此三十里有井上溫泉，則為張學良繫處。余等在工程處飯，菜尚佳而冷。飯後至竹東鎮一游，有中學，有醫院，街市整齊，我鄉不若也。乘汽車回站，搭火車回新竹，與秦、莫別，余到新竹市黨部

尋王雅，參觀置楷片處。出尋李康五，同伊女往游城隍
廟，廟貌完整而清潔，廟前為食場，如圓圜。出游街
市，至一廣東館飯，以燒鴨為佳。諸人送余車站，六時
一刻得乘慢車，以八時三刻至台北車站。步回浴，浴後
即臥，坐火車頗覺辛苦。

10月23日　陰

　　晨赴中央黨部紀念周，郭澄報告黨營事業，余在辦
公室閱小方壺齋輿地叢刊至十一時三十分。得車回錦姪
處，飯後得炳弟十月十日書，寄來綴英與公望、寧馨在
景山石級上坐相。信中云：

一、翰姪於其妻奔父喪回王秀橋時，竊妻僅有之二兩金
　　與姘婦，所姘已三年矣，共供給金約卅兩，四年內
　　無人知此事，難怪翰林手頭特窘，而以唇舌搬弄至
　　翁媳、婆媳間屢生齟齬。前日在炳弟處又寫一悔過
　　書，又責以手心九下。

二、謝秉泉失業，每十日吃金子一兩。謝樹森任約翰系
　　主任，其妻活潑如舊。

三、朱粹公教員為人軋出，開常熟東南書店，生意平常。

四、桐表弟神經衰弱。

五、學裘在乃德教書。

六、璜涇豐收，但花行已關乾淨，整包花要運至沙頭
　　出售。

七、家中廳上養馬甚多，夜間作怪，軍警因之嚇走。

八、震哥於前日由常熟來滬住三日，購商品即回。來意
　　要向錫弟索八、九兩月津貼，錫因手頭緊，擬暫緩

兩月，渠酒後不願，擬往理論，經勸始已。

炳弟信末穎姊親筆書朝朝想念，保重為要。余即覆炳信二紙、翰與翰婦一紙。

夜攜酒赴向秀處飯，飯後歸，觀黃鶴樓京劇，浴後即睡。

10 月 24 日　雨

晨起略遲，王秉鈞、蔣公亮、黃麟書來譚。十一時倪文亞等在中央黨部宣誓就職台灣省改造委員，總裁監誓，致訓：（一）領導台民光復大陸；（二）慎善推行地方自治。余乘劉健羣車返，言及立法委員延任事，劉君允定期約人集議。回錦姪處飯，飯後熟睡。起復陸賓秋信，云入台證十分不易得。賓秋傷小星，有悼亡詞兩首寄來，頗為淒苦。余又致錫弟、綴英、楊坤林、公、寧二寶貝及翰姪書，寫竟已昏黑，窗外初雨，既而晴霽，回飯時青穹朗月，頗足賞玩。昨晚赴十條通，向月而行，真可愛也。夜飯後一晤張伯雍即歸，又雨。

晨總裁訓話，大陸之失由於選舉，本黨先烈艱難締造之民國，於立、監委、國大代表之選舉毫無準備，儘力作權利之爭，一不小心效果太壞，台灣現方民選縣長及議員，宜謹慎。前數日在朱慶治家遇其鄰友倪爕鈞（蘇州施家巷人），前鎮江電信局長，陷後仍留鎮江一時，終蒙允回鄉生產而來台。譚選舉時所聽到電話中昌言賣買不知羞恥，德馨里瓜分公地，借銀行款造房，黨政分子無不視為應得。鎮江四月廿三日失守，倪君曾往江畔觀看，共產軍先來兩小船，押輪船過北岸載來大

隊，金山寺亦過來一批，破爛不堪，苟不棄，此種軍隊
決不能渡江。鎮江軍代表係揚州丁溝香店夥計，與倪君
會銜出布告，表面非常客氣，其核心分子早已安排好了
一切由他們做主，二月間省黨政大會冷逼議論已傾共。
守軍為第四軍王作華，臨撤約倪君行，步行者得出，坐
汽車者被阻，汽車路均被土共破壞。回鄉生產為上等
待遇，次為撤職，次為押赴訓練隊，隊部在金山寺傍
警察訓練所。

10月25日　陰晴，霏雨　台灣光復紀念日放假

　　晨稀飲食鹹菜，同秦啟文巡萬華，車站將近，余探
鄭味經，足疾見愈，林婿亦已歸順。余在廣州路轉角候
啟文不得，留片於街頭女郎，道離此他往矣。余之向采
寓，天覺寒冷，臥床一回，秀武購菜歸，余與向出，
在福建館食點，油糕及大包子佳，燒賣平常。余等又購
豆腐干、花生乃歸，候岳、衡歸乃飲，以醬豆豉、蝦米
豆腐干雜炒為佳，蓮心燉肚子次之，豆芽亦佳，非廚司
之所願揀也，強而後可。飯後回寓，於路見旗傘燈馬
戲，名亭輿龍獅游街。上樓睡，王祖庚夫婦來，尚未得
安寓。余託鄰長，鄰長指堆棧，云待修。又引往黃小堂
處，小堂云明日去同保昌觀屋，如不得，暫留伊處亦
可。王君別，余偕小堂自西門町繞衡陽、博愛至中華路
乃別，中間曾入新葺之□□宮參觀。回寓，得陸孟益書
暨戴令頤五甥十月十二日書，云：
（一）穎姊鄉下種稻六畝需分收，重陽後自滬回璜，
　　　十月初再赴寧。

（二）錫舅收入並不少，沒有節餘，事情忙碌乃大概皆然，扣去舅母十二萬不貼震舅兩個月，還是打了算盤。

（三）璜涇老宅沒有人住，新宅後進為教員宿舍，所有家具移借一空，有借據。新宅房間東西沒有移動，書籍無失散。

（四）各墳墓都設有樹及枝楊圈。

（五）中學、小學、幼稚園情況均甚好。

（六）盛鼎和失就，現與桂伯同住，搬在門西，生活很苦。

（七）一均在蚌埠工作，新娘貌雖不美，很能幹，常住娘家。

（八）清之最近回寧一次，住兩星期，曾往劉長興吃點心，生意還是興隆。

余即覆頤甥信，託孟益轉交。夜飯在錦姪處，自延平北路轉南京東路，欲購可以補被面之料不得，夾絲被面為鼠咬破。入私立稻江家政補習學校展覽會，縫紉、烹飪均有出品，文科成績亦有可觀。

10 月 26 日　晴兼微雨

晨往黨部與紀律會諸同志談，頗洽。到財務委員會說笑，云工作會報因總裁不能到而停開。余於上月聞總裁中改工作不前，每月一追，比近時到黨部，又見工作報告之催促及改造之索稿信，頗覺不大自然。蓋工作下手處皆有荊棘，荊棘能設法除去，工作自易前進，前進之後而令其報告，則所舉者真、所報者實與徘徊作游詞

情狀自異也。出黨部，得諶忠幹便車回寧樓，為陳紀瀅冊頁寫詩五首。回錦姪處飯，飯後得奐甥雙十節書：

（一）伊兼任祕書，但願在短時間內為之。

（二）筠碧加入鐵路生產合作社踏縫紉機，月可得外快一擔米款。

（三）上海工商業日益蘇復，紗廠開工，每星期六夜五日，各私營廠很有生氣，不復是二、三月間蕭條氣象。

（四）謝秉泉所經營之萬昌德布莊亦已復業，生意不惡。顧寅生久事中飽，現已分夥。

（五）很多璜涇小夥子腳踏車來往滬、璜間販運時鮮、香煙貿利，以新聞路為中轉站。

（六）吳保賢栗子筋未退，再受刺激，日益衰弱。

　　附來相片三紙：（一）景山坐相；（二）綴英景山上眺故宮；（三）綴英在北京大學紅樓留影，約九月二十九日所攝，紅樓國立北京大學文學院旁懸有中蘇友好協會總會俄文夜校招牌。

　　下午謝冠生來候，至司法院同林佛性研究違反黨紀處分規程及執行決議之從政黨員考核辦法，至六時始畢。司法各機關在台灣高等法院，大理石柱取自蘇澳，建築宏偉，後部遭炸壞，住客眷太雜，毛廁奇臭，各法庭在毛廁邊，法官與當事人皆飽飫木樨香味。回錦姪處飯，飯後同李芳華、錢中岳同往中山堂旁朝風樓上吃咖啡。

10 月 27 日　晴

　　晨錢石年丈來，寫示曇花兩調，同往新半齋酵肉麵，價四元，肉兩塊，味不鮮。到立法院坐一朝，晨討論各委員會召集人抽籤與票選問題，侯君頗有雋語。十二時劉健羣召集余等約二十人議監察院無提案權，在第一會期用本院委員聯名提出，若私人行動然，監察院苦之，憲法提八十七條考試院關於所掌事項得向立法院提出法律案，而司法、監察兩院無此規定。在當時以為此兩院之案應經過行政院提出，於側重內閣制之精神宜然，於五院分權則不盡合眾議。監察院文到，由院長交法制委員會審查後由院長提出，以解除前項缺陷。劉君留飯乃散，路遇何子星，拉往大世界，觀耶兒大學法科學生出一音樂家，攝影片五彩，各種舞踊均備，佳片也。三時回寓睡，睡起不再往立法院。昨日煙廠火，江蘇棚戶受災，今日余捐一百元以振之。夜黃振華招飯，飯後觀正義在人間。

10 月 28 日　晴

　　晨起，錢錫元來談被法院起訴海軍部購料不實案，伊已請律師辯訴，損失甚巨。出，同食蒸餃別。余到樹華公司，遇張景琦，知潘公展自美來電，趙棣華病重，云自菲律濱覺不適，赴法而膽瘤發作，掙扎至紐約醫院割治，既開刀而地位不對，手術歷五時而中止。

　　出，到交通處交沈善琪履歷，未遇侯處長。與劉象山步行南京路，論于院長平時頗稱元老身分，至緊要時則嫌負重與真誠不戮，其所舉拔狃於近習，以故不得人

之死力。象山送余至錦寓乃回，余飯後臥。趙耀東來
述與紐約通電狀，情況尚佳，伊母已自港至紐約，台北
上午十時，紐約為下午十一時。四時吳瑞生來取余致陳
頌平信，為請伊設法為狄擎華入台。錦姪來閱家書，適
接陸孟益書，云關於斐玉事，吾兄函規三兄之話甚是，
經過此番事變，以後料想決不再蹈前轍，詳情容把晤時
細談。余出門到陳海澄家送禮，到王寒生、蔣公亮寓閒
譚。六時回錦姪處譚笑食飯，回寓始早睡，向、秀、
衡、岳來坐，至十時始去。

10月29日　晴　星期

　　晨候許建元婿方祖亮，約七時自袁永錫處來，至九
時不至，乃隨秦啟文至板橋游玩。自西園路出台北，路
旁叢竹甚多，每叢三、五竿，植於土阜上，竿細葉徼撐
而重，大若小樹，然節處懸枝如鬚，不知為何竹。過
一鋼筋而鐵索之橋，跨□河過橋為墩□，板橋今為臺北
縣治，林家花園在市街之後，與啟文步往。將入門，遇
胡光炳夫婦，將往禮拜，光炳陪余進花園大廳，有門上
標「山屏海鏡」四字，升堂東西牆懸園景大幅油畫兩
幅。出門左行假山跨河溝，溝內無水，大榕樹十餘株，
葉陰相接，邊緣亭廊間皆為人借住，再左為祠，為林氏
住宅，則不能往。中監同人住處為方鑑齋，款署陳□
□，乃伯稼、仲經之尊人所書，王介民、祝毓、林鼎銘
分住三間，胡光炳占一亭一廊，中搭遮棚可坐，則可
謂之兩房一廳。各人皆養雞，日獲數蛋。在來青閣下遇
周中敏，面色不正。出園往車站查清潔即回台北，覺入

市之路過於逼仄，與基隆進道不可相比。又板橋車站規
模太小，亦宜重建，縣名亦宜另換，以換舊史上之縣名
為妥。自廣州路下，入鄭味經寓，煮胡光炳所贈雞蛋食
之，今日明焯往基隆，家中清靜。坐至十二時，到黃筱
堂家飯，翁姑子媳俱在，食黃魚，王祖庚並未得屋。回
寧樓臥，晴秋陽不薄，極為爽適，觀餵雞為樂。三時至
福州路十五號台電員工勵進會，應郁元英、陸永明所召
集之卅一屆崑曲同期，聽刺虎、望鄉、酒樓為悉。望鄉
曲中有數句直同散文，真佳製也。唱酒樓者為王節文，
氣充詞足，惜白口全是皮黃，伊述齊如山說戲，問狄君
武聽得如何，即前日師範學院所聽者，極為可珍，宜集
內行與愛好者諦聽，余擬下次再約。食豆沙酥合及香腸
麵包後即走羅斯福路，遇王豐穀步行方歸雲和路。余尋
居覺生先生，全家往高雄去矣。到豐穀處飯，素燒麵筋
王瓜及燉蛋，食畢到顧健德家，健德夫婦不在家，桂伯
慮叔言不能擔任辛苦工作，又說朱慶治兄弟經商有損
失，朱慕曾情形尚好。余與健德三女嬉耍一回，食文旦
乃回。其第三女祇二歲半，說不清文旦二字，又不知以
手剝食文旦，止以嘴啃瓤，余教之，已肯聽從。

10 月 30 日　晴

　　晨往黨部紀念周，時直屬立法委員黨部改造委員宣
誓就職，于先生監誓，鄧建侯、鄧公玄、曹俊、牛踐
初、陳逸雲等宣誓，餘人不甚熟悉，訓答畢散會。余寫
輓焦易堂聯云「澎臺柱國餘忠憤，秦隴間關失異人」，
餘忠憤原為留忠績，張默君改為餘孤憤，李君佩曰反共

抗俄之憤人人同之，何言孤耶。太史公自序「韓非囚秦，說難、孤憤」，孤憤有訕上怨誹之意，殆不可用。余作文字素不隨人，余乃重書之。君佩送余歸飯，飯後二時至向秀岳衡處，二時半往極樂殯儀館送焦先生入殮。余廿一年春至西安，曾往焦先生家，焦先生屢尋余西北飯店，在立法院同事甚久，去年滯海口又復相遇，十六年見先生芒鞋作褚彪裝自秦出走，去年冬又自青海走酒泉，亦極辛苦。余下聯道此間關本車鳴聲，亦用作遼遠走脫之義借對柱國，人以為可。大殮後公祭，到者極多，孔達生、劉象山最後至。隨大眾出，余再探岳、衡，路遇祝紹周夫婦，同行歸寓，覓匙食豆沙包。自前日寓中失電風扇、電熨斗等，大門、樓門皆扃。食夜飯後往鐵路局禮堂聽戲，以秦慧芬大登殿之王寶川、李奇峰群英會之黃蓋、陳小潭周瑜、關文蔚前魯肅後孔明為佳，蔣勃公蔣幹不見所長。十一時散戲，便暢，浴畢得熟睡。與令頤及邁櫻書託陸孟益轉。

10月31日　晴

　　總統六十四歲壽辰，天氣盛晴。晨赴中央黨部簽名設禮堂，于先生領導行禮，鄰室設糕糖，遇熟人極多，余拉薛純德到寧樓領款。余至立法院又簽名，回寓整理什物。午同洪亦淵在榮元飲龍東白蘭地，在延平北路得之，價九十二元，余攜蓬蒿乾蒸蛋，張伯雍添炒肝肫、炒雞塊、牛肉絲，味比請客時為佳。回寓睡，陽光滿樹頭在玻璃窗外，人自內望之極靜美，間有一鳥叫數聲即寂，不知總裁避壽往何所，能如余閒適耶。任君所畜劉

鼎九組雞雛，有一較大者一眼開一眼閉，當為病狀，予
以消炎片隔離，極為費事。歸錦姪處夜飯，飯後到女子
中學禮堂參加直屬中央工作同志區黨部夜會，國樂演奏
佳者大同之聲，歌舞佳者女師附小，小孩歌舞極受人歡
迎。余聽至電影前乃返，電影為麗日春宵，余與何子星
已看過，歸寓後與諸寓公笑譚。昨日演蔣幹者不是蔣佛
公而是史振東，以雜丑著。

11 月 1 日　晴

　　晨到立法院領款，參觀總統歷史影展，以溪口諸幀為美，抱孫女、與孫對弈均有趣。回寓待孔達生、劉象山二人，以十一時來，攜陸京士所贈龍東正牌酒入真北平飲，吃醬肉及爆三樣，鄰座頗注視。余等攜瓶又上洪長興，于先生書長字如食，上樓吃烤夫、烤濕鴨，食之空肥不脆。立法院會計課人因發薪吃公飯，余奉以酒三盃、鴨兩盤，唐小姐出謝。余等瓶亦罄，酒微醺，到西門町分散。余獨行西寧南路，望雲山青宇而悲，念慎微死時死後狀，吟成酒淚二首：

酒入傷心淚眼戀，記曾臨去笑嫣然，
最悲天府歸來晚，羅襪寢衣委一邊。

山海尋盟何處門，欲憑微酒跡芳魂，
風前重見棕櫚樹，不但聲吞淚也吞。

　　回寓熟睡，王豐穀來，同車至和平東路師範學院前，余請桂伯補余寢時穿夾綢衣，食芋二，觀所畜雞。出走潮州街，遇仲經之妹，入徐漢豪寓，其妻方自士林換盆景回，漢豪送余出。於三號門前遇馮簡，尋俞成椿不得，上三號車，遇璜涇女同鄉周某，云曾到吾重慶寓中。回寓兩工友來，持楊佛士服務書令簽蓋。入山西館與孔達生、劉象山飯，去年今日同游望江樓，今日又相敘一日，不知明年此日還同在羈旅中否。飯畢入台糖三樓參加聯大十三周年校慶，聽陳雪屏及沈茀齋妹演講，

寓姚從吾、毛之水、夏既安。八時歸寓，不浴而睡。

11月2日　晴

晨張伯雍來邀食徐□□生日麵，鴨肉雙澆，有崑山麵意。到立法院四十年度預算執行條例會場略坐，腹中微痛，數次出。趕中央黨部總裁前工作會報，總裁因事不至，口頭報告，省陳誠主席，討論以交通部航政司長王洸為航業海員特別黨部主任委員，陳雪屏先發言請考慮，余以為不便，谷鳳翔和之，而谷正綱主必欲，陳誠主查案，下期再決。回錦姪處飯，飯後檢寒衣一包攜至寧樓，閱大陸雜誌北京人獵罷歸來圖，法國步日耶教授 Henri Breuil 所作先史學之小人書，頗為有趣。五時攜被裡、被面赴鄭家，昭三女二男兩老，六時到榮元酒飯。歸寓，鐵路局酬京戲諸票四桌，歐福松、秦蕙芬、李奇峰、關文蔚、蔣勃公、何太太、王企光均唱，有二人醉。余浴後入睡。日間曾修炳弟書，夜夢友人為余介紹納妾，囑余在旅館中尋覓某房某床，余上下梯數，既不見房，余不見床，而身體疲極。

11月3日　晴

立法院院會，案子狠少，乃討論經費稽核會事，撦拾煩言，互為攻詰。下午代院長劉健羣聲明十項，幾何聲隨淚下，亦可憐也。鄧公玄等發起為哲生先生六十壽，由彭醇士作岡陵獻壽圖，余作跋語，請前為立法委員而今又當選者簽名祝壽。下午至中本取利，既得款，黃離明來為孫蒸民告幫，予立寫百元且付現，離明以為

慷慨，不知我甫得利錢，認為不當利得而然也。自院歸
寧樓，得綴英信，十一月廿二日下午四點廿分離平，廿
三半夜十二時可到南京，寓祠堂巷廿四號黎生處。北平
已穿棉衣，寧兒需要絨線衫、襪子半打。綴英五號至七
號住清華園古月堂顧蔚雲處，七日上午在水木清華水橋
上坐一小時，五、六兩日游頤和園，玉泉山不開放未
去。七號回城後再游故宮，亦曾看梅蘭芳、葉順蘭霸王
別姬。信中又提陳劍脩女元芳臥病公主墳火道港三號學
生療養院，患肺病。夜飯後覺體疲倦早睡，不能成寐。
閱香港時報批評楊綽庵，論熊式輝用人必疑，疑人必
用。日間同陳志賡茶，伊謂伊革命失敗則逃至張岳軍處
打雜，有此退步方得保首領至今，又談余越園極直爽，
喜罵人。

11月4日　晴燠，夜十一時大雨

　　晨彭醇士來催寫送孫哲生六十壽之跋語，同車至殯
儀館拜陳衡喪，同謁吳稚暉先生，先生在彭畫題「如岡
如陵，如松柏之長青」兩句。出，到乾盛齋付裝潢，悉
用日本綾，價三百元。彭云樓桐蓀來，同往立法院打
聽，交際科曾派人迎接，樓並未來臺。余歸坐太陽中，
觀噴霧飛機列隊飛空。十二時添菜，雞與肉紅燒加蒿白
及蝦仁炒蛋，頗暢。下午睡，三時赴泉州街參加大陸救
災會歡迎暹羅歸僑及菲律濱祝壽華僑，谷正綱、方治一
吹一唱。天熱，余自植物園出，遇李德元，同到和平西
路訪廬山警察局長張玉霖及其夫人。張君外出，其夫人
譚廬山管理局長吳士漢現在台北（字雲五），圖書館長

劉武夫迎共產軍上山，現不得好果，小學校長歐陽燮不理共產黨，僅失職而止。余過廬山，張夫婦曾請吃素齋於大林寺，同游五老峰、含鄱口，自後張夫人又游五老峰一次及游東林、西林一次，游東西林自土壩嶺下、蓮華洞上，極為吃力。余等到仙游樓飯，飯後來寓小坐乃別。李德元今日得升鐵路局專員。晨金銓來談，崇明人知嵊泗情形者為程梯雲，為王艮仲出力，茲因陸養浩關係，已靠共黨。晚七時戴楚良來，未遇，伊往基隆監工永澄輪解體工作。

11 月 5 日　雨晴

晨有肉汁煮花生，進粥二盂。九時到國貨公司購燒酒未得，另於別店購龍東白蘭地一瓶。又到一蘇州人費姓者看三希堂帖殘本，余選蘇、米、趙及孫氏書譜，議價未成而罷。到友信書店，出四十元得嚴瀨漁印崑曲粹存初集，宣統元年石印，有新陽方還手書序言三頁，勁潤圓斂，可珍也。其時蘇州有老曲家殷湛深，已七十餘歲，為訂正曲譜，惜乎不附訂正說明。余購此書贈王道子（洸）再續娶楊俊如。十一時半至極樂殯儀館送鄭穎孫火葬，鄭君安徽人，研究古典音樂，擅長祭孔樂器，來台後貧病交迫，售琴不遇知音，溥心畬為之寫畫集款亦不得現款，四日上午卒於台北寓所。余往見鄭先生已穿殮衣臥尸床，大紗罩蓋之以避蠅，有三子二女向余叩頭，友朋葉公超、顧毓琇（一村）及另一人。棺來，在一兩輪推車中取出薄棺，一吹手持嗩吶將吹，子女止之，遺體入棺，略加釘即抬入推車中，諸人持香送出。

真是死得寂寞，余心惟輓聯云：

影事付洪流，死教遺灰傍故土；
琴心通弦索，身餘古趣抱焦桐。

　　余識穎孫在北碚議禮時，師範學校夜會，張冲和唱弦索西廂，到台後又因審定歌曲與之相晤。十二時李清選到向采叔家同飯，岳、衡煮菜以豆煮排骨及炸子雞為佳，余略飲。到常州館美都應陳海澄、周令儀生子彌月宴，余食餅兩枚，遇崑山人陳劍橫及馬衡之女。回臥，三時王豐穀同沈階升略談，即同劉鼎九等坐車，至銅象圈而拋錨。于右任先生車過，遣副官來呼，余得附載入圓山飯店，王道子結婚禮堂在焉。余與曲社諸人同坐，得見雷寶華夫人綴紅花，行禮時余曾作來賓演說。入席，賀君山夫婦與余鄰座，席罷君山譚蘇俄一反馬克斯主義之種種，送余回寓後又續談一小時，余問今日此時可與第二次世界大戰在珍珠港之後比乎，賀曰尚未，正在英人封鎖滇緬路時也。

　　晨晤葉公超時，託為后學裘謀事，伊云外國記者需用人，當為介紹。伊云外交政出多門，王世杰時露聰明，總統時發脾氣，實不易配合，比重慶時代似不好云。

　　下午得孟尚錦書，十月卅一日俞時中付伊美鈔，伊即為分匯北平楊坤林、上海狄書三，匯款證明書注云此匯款，匯款人聲明為人民幣匯款，訂明解付時按照匯出日之解付地點折付人民幣，退匯時人民幣漲價以原幣領回，人民幣跌價照退匯日牌價折付原幣。又注云中國銀

行轉匯廣州。

　　陳定山偕吳愷玄來訪，未晤。

11 月 6 日　雨，午晴，夜又雨　星期一

　　中山堂擴大紀念周，鈕惕生先生主席，高等考試共忙五十日，余五十日未見先生矣。陳辭修報告，青田口音說話時尚好，讀書便聽不清楚，其詞中引人笑者，台灣出生每年二十萬，向不生育者到台後又懷孕。禮畢，余返寓致綴英南京書，又寫信給炳弟。回錦姪處飯，火腿已軟。下午睡熟，四時往泉州街鐵路飯店中央日報董監事聯席會議，為購紙五百噸事：（一）為洋紙不能進口，而中央日報用高斯機，中國所製紙易斷；（二）因需向台銀借款；（三）同業援例。黃少谷為會議上席，云報紙銷售分數與小姐年歲同有祕密性，所不同者，小姐年歲越問越小，報紙銷數越問越大，相與大笑。散會後酒及西餐，浦逖生送余回寓，云麥氏向聯合國報告匪軍參戰，有聯軍飛機為在中國境內之高射砲射擊，中共部隊到楚山，自安東至鴨綠江捕獲戰俘，明悉中共「五五」、「五六」自原屬 38、40 軍編成，聯合國對此必有處置云。浴後睡。

11 月 7 日　晴，時飄飛點，夜雨

　　晨啟文命車送余潮州街五十二巷三號丁鼎丞先生家，丁先生今日七十有七生辰，家人方懸幛對，先生臥內房，氣色甚正。譚赴日為割治攝護腺，日人謂心藏正常，可以割治，先生自覺心藏無病。總裁給台幣千元，

先生愁不戳，余謂用至將罄時請來一信，當為籌寄。先生贊美孔德成小篆寫得可以，又言高秉坊創稅有功而獲毛吹之罪，極為可憐。余在簽名簿上書「狄膺恭祝嵩壽無極」乃出，到立法院通過漢奸治罪條例乃歸。送米、鹽與鄭味經，攜返錦姪處花生油，食飯後歸臥。李涵寰來，治牙章尚可。羅時寔來，譚中國一周出版狀況。張玉霖、吳宛中攜子女來答拜，譚自滬撤退已遲，路人為追者射擊，海軍又將發砲，經舉手說明用力衝出得免，現依毛森，正在改編中。三時同劉定九、王企光、任德曾同往新生南路謝家靜園觀菊，其人本在花蓮港治園圃，今所占地可望遠山，雲委波屬，牆內疏植亦佳，惟種菊極肥，叢列於矮棚中，每朵以鐵絲盤支之，呆圓壘壘，無掩映之致。庭中設坐，惜值微雨不能小憩，齋中設兩席，即晚殆邀人賞花，主人請余等題名，余寫五、六行乃回。稍憩，赴峨嵋街交通銀行訪田昆山，言被人活埋之慘，陳惠夫方赴台中，未晤。六時來喜食堂立法院舊雨新集，衹到黃國書、彭醇士、趙佩、陳紫楓、陳訓畬、延國符、陳洪、□□九人，定菜廿五客，膡十五客還得明日請人另吃。

11月8日　雨

晨赴黨部發請帖、領公費，託張壽賢定菜，語朱品三以所託事，逢楊有壬說將請客。坐車到居先生處，伊昨晚食木瓜不舒，到花蓮並未逢闕漢騫，漢騫為總裁拉去閱兵。居夫人講阿眉族跳舞之美姿及性情之和順，此族與客家人頗畏閩南人之蠻不講理。在居寓遇李子寬，

六十九歲，茹素，容光煥發。余勸居小姐作實習生，向居夫人索酒一瓶，乃回台灣廣播電台中華文藝基金會開會，商明年度計畫。留飯後回寓睡，睡起結算中監會帳目，劉象山來談。夜回錦姪寓飯，過延平北路，見日本洋傘愛之，購一把四十三元者，最貴者索一百二十五元。得奐甥十月廿八日書：

（一）姊於十月廿二日返璜，此次在三、四兩舅家住得滿意，回來笑迷迷。璜涇慶大於三月前退租，空屋須找房客。

（二）上半年育嬰堂基金及藏貞保赤基金全部移交政府，養正基金及璜小福利基金王申禮寫信來領去，祇有賓初獎學金金六錢幾分，因為數太少，同時各公立學校都有人民助學金，決定槪个發給。

（三）璜小學王申禮辦事老練，領導有方，學校成績甚好，本年暑假畢業生投考初中全部錄取。職中從前一向聽到好話，但據小學老師批評，功課不嚴，活動太多，學生程度太差。

（四）奐自任祕書以後，起初忙了一陣，最近工作輕鬆，晚上得空學習語文，比上半年舒服得多。

（五）光琪等三個小孩多長得結結實實。

又接傅志章十月三十日上海信，云去年冬承暉返寧，備述邂逅羊城及兄指示迷途與協助狀況，全家銘感，承暉旋入金陵中學，今夏入無錫文化教育學院。志章南京撤守後維持陵園，隨辦華東林業，此後將以水土保持配合治淮。又得楊坤林十月廿三緘回南報告，公

望、寧馨到伊寓聚餐，情緒愉快。

六時訪莫葵卿，為羅志希介紹郎靜山，到廣播電台晤余，為郎之學生基隆車站站長許俊，隨郎攝影，有人誣以攝險要地帶，實則伊思想純正，攝影時有防衛司令部中人一起，遇不可攝者從不拍攝。葵卿已知其事，將調升許為專員。

羅時實擬出售中國一周之餘紙，余託秦啟文言於台鐵印刷廠，派郭承先往洽，余修書介紹。

11月9日　雨

晨整理書桌，十時後到中央黨部與胡希汾結帳，向朱耀祖打聽何人不足。便至鄭味經家飯，今日三女均不在，吃得極靜，約明午待出嫁女再往吃飯後走歸。三時至植物園國語推行會，北大同學商十二月十七日校慶及選舉籌備事。五時訪外交部馮宗萼，託購酒。六時山水亭北大同學六桌，為王民寧助選市長。余回錦姪處，得炳弟十月卅日信，由香港民生公司顧福田轉來，云：

（一）綏芬在瀋陽，來信甚佳，其所讀校不遷他處。

（二）桐弟辦學認真，璜校蒸蒸日上，畢業三十人，廿五、六人已有事。

（三）錫弟雖做主任，痛苦不堪，自己辦公室茶房被人調去，亦無可如何。

（四）卅日夜炳寓請狄昂人、顧福田夫婦、程寶榮、狄知白、狄芝，錫弟未到，平初瘦而老，黎尚曙在高橋教書，晴初尚好。

（五）顧震白新娶妻，已生一子。

為王民寧助選請客，列名者毛子水、孫德中、袁冠新、何容、蘇薌雨、姜紹謨、傅啟學、王德昭。孫德中先說大意，何容介紹王民寧之為人，朱虛白說明選舉大勢，蘇紹文講楊肇佳之不公與吳三連之無用，余演說以選舉要著手早、拉票多。

歸寓，盛君不會講話，如敲木魚，一記一響。任、王下棋，秦君旁觀，陸拉弦王唱，劉鼎九會湊熱鬧，寓中人頗協調，明日路平甫來，眾皆喜悅。

11 月 10 日　雨

昨夜有颱風預報，玻窗振撼，頗有戒心，後仍睡熟。晨六時醒，七時候路平甫來。劉象三寄歸之二十美金孟君已有收據，余即往象山處送信，象山已外出，不知其何往也。到立法院，候至十時始成會，討論王廣慶整頓國家行局機構，確定董監事一人一職，並將各機構組織條例送院審議，李文齋、苗啟平均往說話。余十一時回，與人討論本身無力而以助人為志之非。十二時半到鄭味經家，今日待鄭皓出嫁，鄭明及三妹皆請假未出。飯時四盆六碗，余以居夫人所得威士忌同飲，鄭嫂及鄭明皆能飲。鄭明孝於父母，友於諸弟妹，困苦自受而婉順曲意，前綴英已認為寄女，余今日承認以鼓勵其關懷。飯後同到迪化街，贈以二金磅，此為二十七年在漢口所得二十枚之最後兩枚，余寶存至今。到永樂戲園看齊如山征衣緣排戲，到時已排過，錦姪回，余同鄭明到寧廬清談。五時到中本結利，天雨甚。夜沈昌煥招飲，同座相菊潭、嚴家淦、洪蘭友、余井塘、□□□、

張明奚（志全）皆蘇人也。嚴家淦送余返泉町，雨風搖窗，時有大聲，余不敢睡。

11月11日　雨

颱風未已，據預測風速每秒鐘三十公里，將自大武登岸，惟將上岸又改向，全島減少損失，即台灣鐵路局東線至少省一百萬，而因交通斷絕，人民其他之損失尚不在內。晨九時在寓，召集南京中央日報監察人會，暫借沈階升為祕書，到張炯、胡健中、何聯奎，惟陳天鷗因事忙未到。談聯環畫之應減少篇幅，中央態度與立場之顧及與其他報之競爭當有限度，紙之困難、人之緊湊、用度之節省等，馬星野在坐有所說明，又介紹王豐穀為稽核代查帳目，得通過。十時三刻余至中央黨部出席紀律委員會，通過上次在謝冠生兄處草定之兩案，何應欽仍未到，朱家驊來。馬超俊語我谷正綱航業海員黨部名單，不與商所墊款約二萬元，亦不問從業人員為委員之主張，亦未盡貫澈其所論一部分，與金伊千相同。中午同中監會同志十一人在狀元樓飯，雨中無人，先擲色卜會，第二期祝毓得，第三期李自強得。余報告帳目預定存款一萬二千五百元，現已積滿，中有自生利二七〇五元，九、十、十一，三月同人所得自二十元、四十元，至本月則為六十元，不於九月即百元者，恐黨部盛傳被人認為不合，且循序前進亦較為有趣。今日狀元樓菜佳，酒亦美，諸人盡歡，滿意而散。余揭互助為克難之本，並調和同志間感情，使有和衷共濟努力工作之空氣，是余之苦心也。一孔之論者不足以解此，且今日物

價日增，生活費不毆，今後月入每人增百元，工人則增
五十元，並不過甚，余甘冒辛苦而為之者，為同人福利
耳。飲飯畢，余至向秀處，岳出衡在。得方覺慧十一月
一日書，謝余愛護岳、衡，情至誠篤，極為欽感。又云
吾兄隻身在台，閒情怡性，視天地無掛礙之物，弟誠望
之莫及。余在秀床略臥，辭出，雨中持兩元台幣在巷口
問三輪車願至西寧北路抑達建國北路乎，車夫北行，乃
至王世勛家，與夏、王及王之三姑打麻將八圈，夜飯乃
回。錢夫人避壽，已自焦溪回，並余合夥。余回後，招
待所方留立、監委飯。余到馮如玉家，又打老法而不與
王家同者十二圈，馮為廣東四番式，王為三百和老式。
十二時回，秦啟文亦謂以此法消磨。總理誕辰前夕，晨
得龐松舟信，云陸孟益已得入境證，不日可來台矣。晨
喬廷琦來商為謀國策顧問及參議，余謂請參議為便，
余曰此為總統可以位置人之小場合，宜留出來讓總統
自由使用也。

11 月 12 日　晴　總理誕辰

連日風雨，今日放晴，大家欣慰。八時半同秦啟文
赴中山堂，堂中坐滿，終禮余作諧詩：

行禮前

新聞記者擁台基，大小官兒咳嗽稀，
勢派做成光景像，總裁到會已無疑。

于先生演說

尋常討厭雌雞叫，叫得高聲也中聽，
今日致詞呼總統，麻容尷尬弗精靈；
美髯掀勒或拎之，高唸莊詞兩手持，
題目編成珠串似，聽來很好較平時。

散會

相讓雍容大典中，朝廷尚爵古今同，
今時更有三番號，送往迎來一陣風。

坐車歸寧廬，即到岳衡處小坐。再到京士處，值京士自訪我處歸，客滿客廳。余說笑一回，即到瀋陽街邵健工寓，今日健工夫婦治菜請中監常委聚餐，劉文島、王秉鈞、張知本、張默君、王寵惠、白瑜、姚大海、李曼瑰、程天放先後來。余報告帳目及請款人，惟武葆岑、董轍未通過，葆岑為國大代，通過後恐人援例，轍況較好於葆岑，故主再查。飯時飲好威士忌，以醋湯魚、排骨、炸肫肝為佳，雞鴨兩整均屬多餘，但雞湯鮮而鴨亦味厚。席散又飲咖啡，約明年正月二十二日張懷老壽辰約會中央各省市監察同志，諸人盡歡而散。余歸換衣，赴南海路實驗小學應崑曲同期，王鴻磐所召集也。路過總統府前，有萬餘人合唱，方整隊。崑曲唱訪素、彈詞、盤夫三齣，即到錦江為朱歐生、鄭皓證婚，遇少屏夫人、少屏弟□、少屏女琴及婿葉銘功、楊校長靜宜。坐席未久，即到袁企止寓，冷欣、胡健中、蕭同茲（自誠）、雷震、谷正鼎、羅志希、陳漢平。漢平提

及在茶葉公司會議席上，余不之識而支持他，其時伊在
東南公司。志希語我不該在王洸結婚時提及主任委員
事，余云並未提名何種工作，但云官星高照，恐有其他
委員職務臨頭。企止出何紹基臨宋人書屏幅一件、對三
付，頗為難得。供酒，酒為陳釀，菜以牛筋及乾煎鰛魚
為佳，飯後又飲洋酒，盡歡乃回。昨日寓中煙突失事，
幾釀火災，今日不得燒水供浴。

在崑曲社中悉傅五侗（字西園）在上海以八月七日
卒，藝人沉淪以終，可惜、可惜。志希舉其在困乏時票
戲，人贈以支票二百元，立賞給當差。

11 月 13 日　晴

車來迎余，入中央黨部紀念周，陶希聖報告對外應
配合，但亦宜自尊自信，庶逢佳息不揚眉，壞訊不扼
腕，對內宜節約儲存力量，例如糖可換取外匯，自己不
宜多用，紙自宜所產，質量均不足，不宜暢手浪用，中
央日報與新生報紙之競爭形態宜停止。陳辭修與余鄰
坐，語我數事：

（一）伊昨夢與經濟、財政等人商，伊大罵來商之人，
　　　眾人走光。余曰君為行政院長，是受罵之人，
　　　不可罵人。

（二）余問外傳行政院將局部改組確否。陳云何謂也。
　　　余曰例如外交不大湊手，國防部無部長，形狀不
　　　完。陳曰不但局部改組，余願全部改組，根本思
　　　想不盡同，故所持有異，但總統不許換人，余
　　　等返大陸後隨總裁行三民主義，不是單行民族

主義。

（三）立法院對於教育經費堅持憲法上之百分比，台
　　　灣教育經費已相當，不必再增。

　　禮拜，又為陳布雷逝作二年作祭，總裁主祭，舊
人及新聞界均到，晤陳子□，習農業。散會，余隨王
師曾入立法院，又到博物館參觀黨史展覽，陳列比前
眉目清楚，羅志希所謂科學陳列也。遇張懷九先生及劉
象三，附張先生車到寧廬，與象山譚。午回錦姪處飯，
飯後睡熟。張默君、王豐谷、陸之麟、朱梅影及正中書
局□□□君。今晨胡希汾語我財務委員會持有商務印書
館郭健戶股票約一千萬股，逐漸售與正中書局，今商務
整理股權，中央請余代表一份，配自印字8456-8499，
二百二十萬股，每股五元，但須證明確在台北，須繳
戶籍謄本三分，來請余蓋章。夜飯在錦姪，錦姪今午
購永樂戲園征衣緣戲票三張贈余及秦、任，余說不必，
乃往退票，幸無損失。任君往購兩朝雞廿餘隻，入晚殤
其一。夜飯後坐車往廣州路三三號，鄭嫂及明、澈已在
尋余，遇於街上，明日回門，請余下午飯。今日房東黃
耐盦（名廷爵，又號黃麓樵子）為整理庭園，安置花
木。黃家到台一百年，其祖父曰理，係一廩膳生，頗能
寫字，黃君出示翁方剛屏條、趙□□沒骨山水及元人
□□□山水，均真跡。辭出，自西門町步回，陳明扶
余，遇杜光勛、何子星，方同觀電影。鄭嫂分別定饅頭
糕為回門禮，余邀在三六九小吃乃歸，鄭澈送余至門，
明隨母氏先歸。

　　立法委員同事長興楊雲云長興產顧渚茶，渚在太湖

邊，又產岕茶，出於羅岕。袁中郎嘗云天下名茶岕茶最
佳，初泡無色無味，二、三開後味在碧螺春之上。

11 月 14 日　雨

立法院會提出監察法，郭登敖提議修改議事規則，
紀律委員會提出無庸保留立法委員資格者三項，調查後
再處理者一項，陳顧遠、黃建中提出廢止第五會期所通
過兼任聘任職務之處理及聘任職務之範圍案，上、下
午發言盈場，余守緘默。十一時曾訪武葆岑，值伊陪妻
出看病，旋見凌紹祖，知葆岑家賣油花為收入，妻有肺
病，又為熱油淋腿致傷，情殊可憐也。紹祖之弟紹□新
自陷區來，囑余介紹侯甦民，謀西羅橋工程處儲運或總
務上事。雨中至向秀處飲酒食飯，情意歡暢。飯後回，
徐向行於午睡將終時來譚，正尋請求覆審資料，囑余
助力，余贈以五百元。伊云徐菊娥已死，疑是自殺，有
錢而不知用，惜哉。王豐穀亦來，商龍門同學集會事。

六時自立法院至廣州街鄭家晤施、楊、梅、夏、葉
銘功及新郎新娘，會賓樓 250 元酒一桌，夏君介紹，頗
有味，白蘭地君兩瓶罄其一。老法麻將四圈，飯前後各
二圈，梅君負二十元，余得之，給鄭三小姐及下女各十
元。同夏君步歸，以糕餅請下棋人分食，免防老鼠。枕
上閱關於上海古時之記載，摘錄如下：

上海得名：宋郊亶水利書謂松江之南大浦十八，有
上海、下海二浦，縣得名以此。

滬瀆：城北十里滬瀆有晉虞潭禦寇壘，故名滬城。

金山衛：浦之南路以金山衛為門戶，沿塘捷走，迅

於飛鳥。同治壬戌，粵賊疊陷金、奉、南、川四城，即由此入邑境。

郁松年：捐資修城，得廣學額十名。

敬業書院：初名申江書院，本明潘恩故宅，後為西人利瑪竇寓所。康熙間毀天主教堂改為書院，同治乙丑法人索還書院，敬業乃遷於縣東舊學宮基。

龍門書院：建自同治四年，丁雨生（汝昌，丁惠康父親）中丞在任時捐廉倡設，而應敏齋（寶時，方伯）踵成之，其地為李氏吾園廢址（始設時僅在南園之湛華堂，地狹，規制未備）。院中肄業生定額三十人，每歲仲冬，例由觀察甄別其課程，以經史性理為主，而輔以文辭，尤以躬行為重。院中諸生於行事讀書，俱有日記，各置一編，蓋士先器識而後文藝，固教育之正軌也。先後所延山長皆品學素著者，如平湖顧訪溪明經（名廣譽，咸豐辛亥薦舉孝廉方正）、興國萬清泉徵君（名斛泉，咸豐丁巳胡文忠公疏舉隱逸）、興化劉融齋中允（名熙載，曾任廣東學政），皆其選也（長州王韜云）。

詁經精舍：創自同治十二年，為沈仲復觀察所專設，課士不尚詩文，專講經史，與龍門書院實相表裡，因龍門額溢難容，故觀察設此。其時阮文達（公元）振興文教，於粵設學海堂，於浙設詁經精舍，皆以史論經解覘士之學識，觀察浙人，仿其意而設此精舍，中廣儲書籍。

蕊珠書院：在蕊珠宮，在縣治南，內設監院一人，司生童試卷及出納膏火。創於道光八年，陳芝楣（巒

方）為觀察，喜其水木清華，遂葺為書院，陸夢坡（方伯）繼加增拓。

吾園：李氏別業，在城西隅，本邢氏桃圃也。後得露香園桃種，添植百數十本，峰巒錯疊，水明木瑟。舊有紅雨樓帶鋤山館，瀟灑臨溪，屋清氣軒，綠波池上，鶴巢諸勝，桃花開時，游人如蟻。主人李筠嘉（筍香）光祿蓄雙鶴，蹁躚其間，於樹林中特構一亭居之，每歲生雛，蓄之可愛。道光初割園之右偏以為黃道婆祠，旋為楊氏所得，改名託園，同治四年就其廢址創建龍門書院。

先棉祠：亦曰黃道婆祠，道光五年，邑侯許榕皋大闢城西桃林數畝創建特祠，遵部議先棉例春秋崇祀規制，廓增經畫其事者，徐渭仁紫珊上舍也（此人又治露香園廢基為義倉）。

黃道婆：生元時，邑烏泥涇人，自幼淪落崖州，其地多種木棉紡織，為道婆盡得其傳。元貞間歸，以是業授鄉里，衣被海濱，利及他省。

廣方言館：向設於舊學宮之西偏樓閣，房廊制極宏敞。同治己巳，應敏齋方伯於南門外製造局大拓地基，建築書院。

滬人喜梨園歌曲，有聚芳、集賢兩局，皆富室子弟為之，競以豪奢相尚，嘗演思凡、斷橋二劇，盡態極妍，合座為之傾倒。

滬人不喜崑腔，而崑腔之在滬者以鴻福為領袖，其次若寶和新劇亦高出一籌（以上瀛濡雜志，王韜著）。

文班唱崑曲：皆姑蘇大章、大雅兩班所演，始於

同治二年，自徽班登場而文班減色，京班出而徽班皆
唱二黃，文班惟三雅園，知音者鮮（武林葛元煦，滬游
雜記）。

彈詞：有馬調、俞調之分，俞調係嘉道間俞秀山所
創，宛轉抑揚如小兒女綠窗私語，喁喁可聽，馬橋則率
直無餘韻，咸同間馬如飛所創。

申報：美查洋行所售也，館主為西人，秉筆則中華
文士，始於壬申三月，除禮拜，按日出報，每紙十文。
京報、新聞及各種告白一一備載，各省碼頭風行甚廣。
先有字林洋行之上海新報，繼有粵人之匯報、彙報、
益報等館，皆早閉歇。同治初年字林印字館始設華文日
報，嗣後繼起者一曰申報，倡於同治十一年，英人美查
主之，一曰彙報，倡於同治十三年，美人葛理主之，皆
筆墨雅飭，識議宏通，而字林遂廢。

石印：其初點石齋獨擅其利四、五年，近則寧人之
拜石山房、粵人之同文書局與之鼎足而三。

11 月 15 日　晴

終日未往辦公，閱上海故事錄之。歸錦姪處飯，飯
前劉象山來告有往革命實踐學院受訓機會，余勉之往。
俞時中自港歸，贈酒 VO 一瓶、煙兩罐，譚錢新之、杜
月笙皆有意來港，世安遇變則往依雪寶，嘉謀走單幫甚
獲利，但與國家利益則相背。余託俞君以居小姐實習、
林君在明謀事兩端。林潤澤與劉子澄來，余主失就時再
說。虞克裕與胡希汾來，未晤。三時半出，到俞成椿
家，伊病後將來訪余，前日伊子女誤服暈船藥，延醫調

治始愈，伊母在蘇州成輝處，伊姊在美國生女，自哺乳、自洗。梁維綱脾氣亦燥，伊失眠且有寒熱，近日始愈（購餛飩一碗饗余）。出訪馮簡，未返，桂伯不在家。到徐向行處補足鄭味經少數之五十元，到洪陸東家參加陸東五十七歲生朝，伊子打游擊者在家，未婚媳來敬酒，手有毛甚濃。伊女嫁祝齡者生子滿三月，貌與父無二。席二，飲鹿骨浸酒兩瓶，復益以白馬，白馬不及鹿角佳也，菜以牛肉為佳。麻將一小桌，客有蕭吉珊、張強、黃天□夫婦、呂曉道等。

11 月 16 日　晴

晨整理什物，鄭味經來送袍料，錢石年丈云有紫檀小匣在中華路攤上，在房款錢、鄭煙茶後，即出購小匣，匣身太小，祇能容筆二枝。送鄭澈、林在明履歷，與秦啟文附搭路平甫車往中央黨部。同胡希汾、虞克裕譚商務股票，虞、胡昨晚來訪余未晤，攜小方壺齋輿地叢刊二函回寓。回錦姪處飯，飯後返榮元，華君致康備菜約夜飯。回寓臥，戴恩沚來，同往乾盛齋，手卷尚未裱好。謁吳先生，精神還好，寓中新設曬臺，梁敦厚碑字亦允寫出。到陸京士家晤張曉岩，出，往袁永錫、吳保容寓。轉灣路遇京士車乘之，京士往延平北路醫眼，余等至廣州街鄭味經寓飲茶食糕，談新塘市抗戰後市況日落，讀書子弟不多，如恩沼、恩沚學工，味經羨焉。於黃耐盦處借得大硯，抱之歸，即到榮元與張、夏、洪、華酒飯，以韭菜豬肝及百葉蒸肉為佳。飯後張君同余往德豐購十行紙五刀，鐵路局因工程師分會演劇，余

往觀，遇葉秀峰夫婦、陳伯龍夫人。搜孤救孤，淨、生、末三角稱職，女起解且聲低於弦一、二分入後毈弦，不能得彩聲，牧虎關李奇峰佳，全本虹霓關郭淑英佳，初遇王伯黨即笑，失戲情，最後鯉魚捲草滾地亦佳，惜未跳帳。

11月17日　晴

院會仍討論紀律委員會案，陳顧遠、黃建中所提修正案不付審查，竟用打消方法，真是火氣太重，不取可商態度也。與鄭、賀兩部長之於審計法加以說明後，本院相應不理前後一轍。下午二時北大師生在立法院者集會，由周大中發通知，余為招呼，來三十餘人，各自介紹，並由崔書琴先生報告北大消息，張翰書說笑語二則，喬鵬書說笑話一則乃散。五時諾蘭酒會，余同陳康和到錦姪處飯，後即到永樂戲園聽征衣緣，先唱打龍袍，座與鄭彥棻夫人及張曉岩相鄰，身疲覺寒乃先歸。遇蕭吉珊，引來寧樓坐，采、秀、衡、岳來坐，約明日赴北投浴，蕭君車送向采等歸。

11月18日　晴

晨赴中央黨部海員黨部執行委員會，撿拾谷正綱口頭上不妥語句控告改造航業黨部之非，實際上各人為愁失就。余曾向金仞千勸，乃執行委員不聽吾言，仍有此控，紀律委員會今後將成是非之場，宜高年委員不願任此也。又聞林克中台灣省改造委員會，吳春晴為用人亦有暗潮。出，坐公共車謁居覺生先生，告俞時中已允

先生女叔寧到中心醫院化驗室實習，余談笑後又得白馬一瓶，攜歸。十二時在雲和街七號宴龍門同學，到郁少華先生（年七十）、過鍾粹、周斐成、張仰高、王榮桂、趙英若、□□□、毛守豐、袁觀瀾先生子師汾、姚孟勛先生女肇如及婿葛建時，建時考取龍門未入學，師汾六歲即隨父游書院。以師範論，先君在年為八十一，學生齒最高即以十六年畢業，最小之年計亦在四十歲以上，觀瀾先生在世今年為八十六，與稚暉師同庚也。酒菜味均可，盡歡而散。余歸寓，逢顧儉德來送桂伯所補衣。三時同采、秀、衡、岳上北投招待所浴，浴畢瞽婦王為秀武按摩，夜其夫又為余按摩，夫婦所生子為不盲之兒。向、秀等歸，余按摩後即熟睡。晨同張壽賢賀王亮疇先生七十正生日，先生便衣蕭灑出見，蓋自民八為五四事經蔡先生介紹得識，已歷三十年，先生讀書人樣子絲毫未改也。

11 月 19 日　晴　星期

晨浴，浴後又睡覺，舒適。夏心客夫婦攜子來，同往硫磺礦一游，來回六里，余於夏末至時先步行一圈。走出新民路，自八勝園歸，蘆花映日比雪還白，余頗有詩意。硫磺先集於水中，然後燒之，以磚砌窯，以沙障水，近處有瀑布兩道，下次再可往游。歸招待所，秦啟文引歐福松、薛斌師徒來，陳伯龍夫婦治酒菜，陸味初同來，王世勛夫婦及陶娘舅先至，陳君攜子女三人，於是十餘人在余昨晚安臥之室歡飲。菜以乾絲及鴨為佳，海蜇牛肉亦美，諸人盡乾琴一瓶，又飲咖啡（貨運服務

所開會聚餐，余遇朱育參）乃歸，余回中山北路一〇五
巷四一巷。葉銘功來，少屏女朱琴婿也，與梅誦先、楊
靜宜、施駕東及豐穀打老法十二圈，余所得適如豐穀所
負，夜飯後乃歸。羅平（隆生）與丑輝瑛來訪，未晤。
武葆岑來訪，未晤。周賢頌來還件，未晤。廖世勤率姪
南才留片，云久未晤教，特來走候，未晤。劉孟衢昨日
留片，云已遷入中山北路一段 126 巷九弄七號，請得暇
過枉小憩，亦未晤。似離不得寧樓也。余一月來不願作
一切工作，今後十日當略改變，昨已訂成日記一冊，紙
厚而訂略鬆（張壽賢批評如此）。

11 月 20 日　晴

　　中央黨部紀念周，監察委員直屬黨部小組組長兼改
造委員宣誓，立委最後，小組組長陳顧遠亦宣誓，何應
欽致訓。禮畢，同李君佩先生坐辦公室略談。出，陪伊
在中華路購日本火鑪一、圓磁盆一，嗣又在延平北路選
皮袍料，未成。歸錦姪處飯，鯗魚不鮮。飯後寫條幅與
丑輝瑛、黃耐盫及鄭味經。下午兩時半到樹華公司議結
束辦法，主保留至反攻後即繼續營業，不出售房屋，並
酌留一萬餘元為員工保管及返上海時因應之需。會時到
葉秀峰、齊世英、張壽賢，余井塘由余代表，張清源託
齊代表。回寓休，六時半至中央改造委員會，紀律、財
務、設計、訓練各委員聚餐。初購碗盞，仿總裁宴客四
菜一湯法，一次即省出碗盞所費。飯畢，端木鑄秋、雷
儆寰皆講香港人抗共者多，第三勢力無法興起，臺灣宜
廣大容人，領導起來，入境證不能得者頗多怨望云。林

佛性送余返寓。

11 月 21 日　晴

院會逐一唱名，眾無異議者喪失立委資格，如當庭判決，然亦奇事也。張慶楨覓余往南門軍醫院診所探李志伊病，既至則為中心診所之病房，志伊聞余呼尚認識，余始知伊病已十日，自新店移來，病在兩腎且血壓高，已危篤矣。余即往總統府，兩門皆被衛士阻，不得入，適逢張岳軍先生，乃請伊帶進。余與胡立吳、黃伯度、溫鳳韶商，擬請俞濟時簽呈總統發給喪費。志伊任國府主任醫官二十年，今春始遭疏散，遷新店為出頂西門町房子，余以往來不便不表贊成，而志伊城區原約可掛牌之處又不克如願，病愁交迫，遂致沉重。其於吾弟晝三為醫官十餘年調護勸解，吾弟深得其益，與余亦交好，不意在臺灣永別。余自國府出，返錦姪處飯。下午未往院會。王豐穀來商中央日報查帳，沈琪來商樹華公司結束文件。再歸錦姪處夜飯。赴十條通與衡、岳譚。出，於四條通口遇張慶楨、饒子桓，謂志伊於下午六時逝世矣。歸寓不能成寐，輓志伊以聯語：

醫國有殊勞，篤厚忠貞，如君無愧名家子；
死綏亦可擬，從亡困乏，臨絕不遑將母悲。

11 月 22 日　晴

張壽賢夫人陪王子壯夫人來訪，款以茶煙，談論甚久。出，購竹布回寓書輓志伊聯，與弟晉同具名。劉象

山來，謂此聯包舉一切特徵，而行文灑脫可味。到秀向家中飯，飯後送志伊殮。到交通候周佩箴，久之乃得，伊草靜江先生一文，頗多革命事跡，命余為之點定，六時歸寓。

今日大陸救災總會理監事會歡迎諾蘭，中改青年黨部晨宣誓，余皆未往。六時到李向采寓，秀、岳出購菜，余等先以肉湯豆下酒，菜有豆腐紅燒青魚、醬爆肉、炒橄欖菜、臭蛋、臭腐乳蒸豆腐，皆余愛物。酒後，念來台人士生活漸感艱困而別無生財之道，迨久猶困，忽忽不樂，茶湯沸而急於求歸，三輪車背圓月而行，不及來時快樂。向秀家煮菜之青年為切菜削去半個指甲流血，秀、岳出購菜，十元所購得無幾。心頭又映李志伊殮時，殯衣館遲遲為之著衣，其舉措殆求衣上屍身與屍入火葬爐之時距減短，則脫衣燒屍之利可以穩得。念人世間觸處皆是慘舉，余性聰明，易感知之，更悉為不樂之總因，但引起不樂者由於飲酒，後當戒慎之。得香港陸孟益廿日書，書三於十八日寄港一函，又有求君一函，殆為學裘族姪孫所書，孟益不日帶來，余所須之絨線衫及大衣（新製）均已得。樹華公司送來中本毛織廠所織紅絨毯一條，余前日主張送董監各一條以為紀念。午間得聞陳惠夫交通銀行繳所有美金五分之四與國庫，及籌備紡織廠之來由，及設備周轉金尚虞困乏狀。

十一月五日晚，余語鄭穎孫大殮狀於秦啟文，啟文云上火葬場之後還有可疑，屍入火爐，二重門閉下鎖，乃以極普通之鑰匙交給家屬，遲遲不舉火，且以衛生局

來驗種種理由作搪塞，其意蓋在剝死人身上衣也。如莫葵卿姪之喪，啟文必請立時舉火，工人要求酬以賞金，於怏怏不願情形下動手。居覺生夫人云日本火葬，孝子於鑰孔封條滴血，極為鄭重。

11 月 23 日　雨

晨在寓閱書。下午赴錢探斗家，與錢夫婦及夏曦夫人打老法十二圈，夏夫人慘敗，余無輸贏。夜飯後余早回，寓中自失竊後，彭月娥為警察所員誘姦，英妹為其父召回，又因王濂清與任憙曾不洽，小葉亦他往，阿延（焦立雲，濰縣人）亦向余哭訴不願燒飯，今夜余恐無人開門，故爾早返。小葉既去，無人燒水，余用小盆洗腳，得好睡。此數日中慶、夏、錢三家大婦吵架，慶君失吉卜車。

11 月 24 日　雨

立法院會討論聯保應行於工廠、學校，而散戶不必依照聯坐辦法，照審查意見通過。中午李曼瑰邀飯，余於錦姪處食餛飩十隻後，到泉州街卅二巷九號晤曼之老母及其弟婦、兩姪女、一姪男，及白上之、伍智梅，菜以鴨及麵包蝦仁為美，余飲白蘭地二盃。飯後又食黃瓤西瓜，頗甜美，西瓜入冬乃美。歸途知李寓已在馬場坪區域中，槍斃人每行經三十二巷。歸寓，作綴英、畫三書並施曉家信，寄孟君轉上海。孟君轉來本月七、八兩日綴英自南京淮海新村所寄書也。夜飯到鄭味經處，今日味嫂往龍山寺燒香求籤茹素，問彩票則云大海撈針，

問鄭明則以安定為佳。飯時加蔥炒蛋，飯後打四圈乃打傘回。天雨又天忽不雨，氣候較寒。余得水洗浴，夜睡甚美。枕上閱王之春使俄草。晨九時到正中書局商商務股權事，晤張梓銘。

11月25日　雨

晨走錦姪處吃焦飯粥及煎餛飩，所愛食此為最，惟覺太飽。歸寓，因榮元張伯雍所送一香煙罐墨已發臭，乃用日本綿紙寫大字將墨汁用完。上午王雅來，下午孔凡均、吳瑞生來，瑞生感寒，購毛背心贈之。

下午三時徐向行送來所補夾綢衣，桂伯未補之處，向行為再補，雖補尚有破綻補不全也。陳志賚來商觀秋瑾話劇後所寫嵊縣革命掌故，徐錫麟皖中刺死恩銘，以嵊縣為中堅也。晨周佩箴又送來張靜江革命事實佩箴手稿十餘紙，亦極可珍。余學殖荒落，而友朋囑文字撰述逐漸加多，論年齡已為述作成熟之年，而能力薄弱，知識短淺，有負先輩及師友之期望，但仍宜勉力為之。五時理髮。入鐵路局，搭慶澤彬車赴新生南路三段十六巷一號財政部關務署長周德偉招夜膳，同座立法委員兼北大同學居多，如劉鐸山、杜光塤、張翰書，此外則為包華國、丘漢平、謝澄宇、俞松筠、□□□。飲麥底勒及小瓶威士忌，鐸山誇而不飲，翰書說笑，眾頗盡歡，八時乃返。章鶴年、劉象山因受訓來辭，未晤。吳子良、甘舍棠、崔之雯因海員特別黨部事來訪，未晤。彭醇士因孫哲生六十祝壽手卷來，擬有所商，未晤。昨朱貫三、許紹勤來寓，簽名於手卷。王介民來書。廿八日居

先生姪下午結婚，李君佩約余同送一喜幛，下午遣劉和生來問，余允之。田崑三前日陪周佩箴見訪，未晤。本日午飯同王健侯、劉鼎九在寓共飯。

11 月 26 日　雨

晨起匆匆，鄭澈來接，坐車往基隆，味經夫婦、三男兩女同往。到仁二路九十號百樂門樓上，其第二間有樓梯，標私人住宿、門常閉者，朱歐生、鄭皓之洞房也。一樓三室臨街，為坐起一雙十沙發，四沙發一圓桌。內為臥室，嫁時被疊成一丘，一方桌、四凳、一櫥、一梳裝台。櫥嫌小，掛新郎衣，新娘衣無掛處。最後則為少屏夫人住處，樓梯對面為廚，惟無廁。屋為張姓售賸之市房，修理時費心思甚多，除環境為咖啡舞池國際尋樂處，居家不相宜外，論房亦屬難得。余同鄭明、鄭怡到上海貿易行晤張、舒兩君，知次花當原棉進口為德康永貿易行所請，計棉五十二件，又有進口肥料五百噸，其中二百五十噸已於前數日繳款結匯，而今日省政府布告嗣後官營進口商人不得向國外採購，以免價格騰起，張、舒、朱正傷腦筋。余小坐即出，購紅花及烘山芋，持歸朱寓，時諸親戚均到。十二時一刻上水上飯店中餐，兩席，飲白蘭地，炒菜甚佳，惟魚翅生硬及甜飯不糯。席散，入朱樓打麻將四圈，余得六十元，倩鄭明代打，歐生送余趁便車返台北寧園。朱虛白夫婦所召集之崑曲同期，到者極擁擠，浦逖生夫人攜贈余白蘭地一瓶，曲唱彈詞、思凡、琴挑等，最後王節文、沈元雙販馬記寫狀則為彩排，六時始散。余以為孫連仲、王

秉鈞為張溥泉先生三周年紀念會事，招在長安東路五號吉茀西餐係在晚上，上樓檢請帖則為中午十二時，十分懊喪。余之自基龍趕返實為此招，孰意誤記鐘點，誤事不少。飯時在本寓，出居夫人所贈白馬無辣味者一瓶，請徐、劉、許、任同飲，雖無佳肴，興致甚好。飯時出臭墨所寫字，一贈任姪，一為圍棋獎品，一贈朱君，圍棋獎王君得之。九時同秦啟文至鄭家晤林君，款以茶及咖啡，聽廣播話劇「反攻前夕」完畢，而鄭明等返，打牌結果輸去七十元，秦君贊美鄭明。二人撐傘步歸，又出蘋果、檸檬為奕注，不知何人得此也，圍棋與麻將相同，易致深夜。枕上閱王之春使俄草。陳定山臨崑曲同期初未見余，留條云「再訪亦不遇，先生何道去，聞說向雞籠，想有更大雨」。

11月27日　雨

　　起後食粥，即往中央黨部紀念周，蕭自誠講設計工作之重要性。散會後晤馬曉峯，愁無事，又晤虞右民。第七組詢問財委會以樹華公司種種，蓋指余譚話會後之代電也，似有意駁覆然。又同祝毓、林成根商處分、整卷及印報告三事。出，擬尋孫仿魯，天雨無車，乃歸錦姪處飯，飯後歸寧樓臥。得楊坤林十一月十三日書云：

（一）在平收支懸殊，生活益窘，擬遣眷返鄉。

（二）吳世芳健康有問題，心情旨趣均有不同，與吾叔（指余）期望之條件亦不合宜乎，公望弟不能滿意，鑑嬬做事未免一廂情願。

（三）二百萬已接到，嬬囑匯寧八十萬，餘數留平，

劉象山所寄六十萬亦已收轉。

綴英七、八兩日來書，錄其要點如次：

（一）到南京後遇顧子欣夫人，為分田事要回六公市，叫綴為伊在寧看家（十一月一日為始），並照應其長子十五歲食飯，其女在匯文高三，十九歲，綴待過年時回家侍母。

（二）許鍾權、何國雄均仍在大行宮中國銀行，許住梅園新村，何住淮海新村卅七號。

（三）范文澄在平住家與公望鄰近，約公望星期日往飯，其家有空屋一間，約綴明年游平往住，其幼女許綏文在師大女附中初中二，亦為綴之義女。

（四）朱培文在孟買，仍在華僑小學教書。

（五）十一月至明年四月底止六個月，連安家過年，兩子營養平均為五十萬，絨線衣兩件六十萬，上次給張弓之五十萬及其他臨時準備金一百萬，共為五百萬（七號信）。又云我之家用月三十萬，原計兩子月各五萬，今知兩子牛奶、雞蛋之外還要吃吃白米飯，每人月各十萬。公望信云星期日已取消，星期日整天工作為八小時。

（六）趙家橋顧家前後榆樹九株，無錫人來估價共二百幾十萬，一起賣光。老太太說前面兩棵不能賣，但二泉夫婦獨斷獨行一定全賣。北京人謂鉤鉤鼻子鉤鉤心，振素鷹爪鼻是個壞蛋。老健尚還知禮，要幫助坤範與顧似同至外邊工作，振素不許。

陳志賡（成）常來講嵊縣革命史實，其於胡士俊

（筱郊）之沒沒無聞極為扼腕。筱郊隨徐錫麟、陳伯平、馬宗漢同游學日本，與陳其美同習警政，為東浦大通學校創辦人之一。筱郊歸國任體操教員，以軍法部勒學生，徐錫麟皖江發難，筱郊與竺紹康、王金發謀以浙東響應，事敗，大通師範學校被知府貴福查辦，筱郊與竺、王、謝震、呂東升及大通學生之未被捕者亡命，或潛伏浙東及上海。筱郊屢圖在浙東發難，迨辛亥革命，筱郊適大病不能起床，猶策動嵊縣同志密赴杭州充敢死隊，由王金發任隊長攻軍裝局，以竺紹康舊部及一部嵊縣壯士組先鋒團，以張伯歧任團長，由今總統蔣公指揮，協同新軍俞煒等部攻打巡撫衙門。省城光復，祿不及也。諮議局開會，推湯壽潛為浙江都督組軍政府，並於各舊府屬設軍政分府。王金發任紹興軍政分府，與謝震率敢死隊部渡江，迎筱郊為參議，以軍餉重要，任筱郊任餘姚鹽政，視事八月，軍餉賴以不匱。迨南北統一，軍政分府撤消，筱郊交卸，因公虧累至，變賣家產歸庫。宋遯初被害，筱郊與謝震（飛麟之字）力促王金發召集舊部發難，組織浙東護國討袁軍，謝震為總司令，筱郊為總參議。初在紹興塘灣發難，事敗，最後在嵊之清隱寺發難，被袁軍擊敗，祕書錢、簡等死之，筱郊避難蕃茹坑兩晝夜得免，殘部由陳成商江蘇討袁軍司令鈕永建，擬送往王江涇併入何嘉祿部，終以浙軍礙阻不得通過而遭解散。時筱郊又大病，返鄉出家資穀米濟舊日同志及親友，夫人時有怨言。筱郊以家國兩不相容，乃入六通寺為僧，法名孝修，苦行虔修數年，浙省議會同志以浙西瓶窰某叢林待振興，迎孝修為住持，乃

得以寺田供舊部耕種，同志得依以為生。北伐軍興，孝
修坐化，其後七年陳成過蒿壩，聞胡家迎櫬歸葬，往視
則知葬於窪下。筱郊生前不願人葬是處者，筱郊葬焉，
乃為改葬。胡氏塋山立碑誌墓，邑人撰有孝修上人傳，
載邑乘筱郊家屋崇偉，及其歿也，子設豆腐攤於宅前，
陳成介此子於竺紹康子鳴濤，得充公職。筱郊與王金發
為中表，徐錫麟物色人才，筱郊薦金發，又勸王母遣金
發游學日本。金發為北京政府冤殺，名字盡人皆知，
徐、陳、馬、竺、謝、俞（煒，字丹屏），沒為先烈，
存為前輩，惟胡士俊不為後輩稔悉，揚卹之典均不及。
俞煒字丹屏，謝震字飛麟。

11 月 28 日　陰雨

　　上、下午皆赴立法院會議，紀律及資格審查報告，
第五會期第四次祕密院會之聘任職務之範圍。第二、立
委不得兼任典襄試委員，余主取消，其第一項不得兼任
大學或獨立之專任教授，亦有人主張取消。發言半日，
卒大體採納，交回兩會審議後擬案提出。此為今日祕密
院會所議，在祕密會前又通過監察法修正案。六時赴新
生活賓館參加居伯均婚禮，覺生先生之姪，娶周方初，
陳良為女家主婚。余遇徐芳，居先生長媳為徐芳之妹。
飲台灣酒甚多，未醉。

11 月 29 日　晴

　　晨赴立法院財政法制聯席會議，討論中央銀行法，
余仍主總裁兼理事會主席，眾不贊成。原案無監事會，

余主設監事會，眾通過。又商發行準備，未得結語而散。余以去年今日為離渝宿白市驛之夜，終日未食飯，同宿白市驛機場者，一室八人。因往訪監察院林德璽，未晤，晤許師慎、楊亮功。回錦姪處飯，飯後熟睡。睡起王豐穀來，交中央日報十月帳審核意見。黃仲翔來貸款，余借伊千元，又到立法院取款備用，為黃嫂購得孫過庭書譜，走回黃寓，約下月二號夜膳，去年成都請客之紀念也。出，至居宅同居先生略譚，知李玉堂被捕，近有所謂聯合陣線者，有人謂不屑聯，余則謂反共抗俄之基礎越大越佳，雖外國人尚可聯，況國人乎。今日之勢有如寶山人合資購看漲沙田，資本愈雄厚愈佳，不必計及日後分穀時也。六時半應李君佩紀念去年今日重慶出走紀念飯，居先生、馬星樵、陳岱礎兩對夫婦、鄧亞魂，李君佩自作菜，命姪熱之，以三絲鴨、加里椰雞、椰容薄罉、桂花冬瓜、羅漢齋、炸蟹蓋、炒麵、炒飯為佳，飲岱礎攜來之澳洲威士忌，比加拿大者為佳，八時回。本日報載聯軍在北韓為中共反攻，中共軍二十萬，蘇聯軍約七萬，而中共代表在成功湖又痛罵美帝，美國姑息政策將重行考慮。政府發言人已改稱蘇俄干涉為侵略，美國在北韓之必需增兵或轟炸東北，將速定步驟。陳岱礎云，即使如此，亦不能謂為世界第三次大戰已喚起也。周佩箴來訪，未晤，約明晨或午便敘長譚。

11 月 30 日　陰晴參半，夜雨

　　晨王介民來商請馬曉峯整卷事，謂財務會允借辦公室，廣播公司允包飯，惟床無有，工友亦難得。同出，

往交通銀行三樓，余約周佩箴、田崑山同出，在昆明街紅玉食廣東點。遇西關之郭大哥，知鍾斌繫獄不屈，其妻無以為生。茶畢，同佩老訪周賢頌，賢頌將升中信局副經理，領購料部如故。佩為頌西求升一等專員。出，引佩來寧樓譚革命掌故。漢書儒林傳，歲課博士弟子，甲科四十人為郎中，乙科二十人為太子舍人，丙科四十人補文學掌故。掌故為古人所重，佩共事靜江先生日久，所談頗有味也，記之如下：

（一）定時炸彈：張靜江謀炸徐寶山，知徐愛古玩，乃覓一磁瓶，內製炸彈，引火處安發條，發條動至若干分便炸，託其所稔某古董鋪進呈，裝潢包札甚固。鎮江電報局長□□遣人送往，徐適整容，啟匣移時，炸震屋宇，徐與剃頭匠俱斃。時定甫先生尚在堂，微聞此謀出於靜江，不加責焉。

（二）娶花得配：三馬路沿街惜春（後嫁伶人麒麟童周信芳）老四家之一花一葉，花即朱逸民，佩箴促靜江先生娶之為配，葉即陳潔如，介公送入愛國女校讀書，北伐時在廣州，後留學美國，亦有才德。

（三）宋子文重財：通運公司之重振，宋□□亦入股一萬元，公司虧損，姚叔來久不報帳，宋子文來索回股款，難以照辦，至來某律師信。佩箴以告宋慶齡，慶齡允以翌日歸寧勸解後日奉覆，及期告勸解無效而無以報，靜江先生至於流涕，公司卒歸款五千元。

（四）寓遭圍捕：鄭汝成鎮守上海時，靜江先生寓長濱路興隆里口，為三樓三底之中式房屋。某日寓所遭圍捕，目的在劫取蔣介石先生，其時諸黨人常集張宅打

撲克，蔣先生其日午後曾到張寓，以人數不足歸家，往一朋友家索欠。鄭除遣鎮守使署偵探，並會同租界武裝探補數十人，如臨大敵，將張寓前後包圍，連露臺亦派探監視，即向各房間嚴密搜查，幸蔣先生已先他去，若輩無所得，始作鳥獸散。或曰是役為王金發圖謀蔣先生，姚勇忱翌日逢佩箴，曾涕泣言伊未與此謀，又曰是日正圍捕時，蔣先生幾又將行經華界，王金發（字季高）之啞僕向蔣先生搖手示不可往，乃罷。圍捕後數日，靜江先生曾往大連養疴。

佩箴又言徐堪之赴外國，至化名借出生證騙取護照，頗失體統（此說龐松周說不確，徐護照乃外交部香港特派員□□□所給，將底冊焚毀，得賄甚多，其人後升公使）。堪在漢口時住江漢關監督署，求沈克儉打針，乃娶看護王桂卿，後在滬又娶有夫之婦戎、仲姓者，離港給二十萬，王以堪出亡之翌日始來香港，幸戎資之。錢新之所娶為笑意，今已衰老。王季高所娶為秦樓，六月二日為朱介人所殺，北京政府七日始下令就地正法（此節志賡所談）。姚勇忱以七月一日被殺，斬條陳其美手下三大頭目之一（亦為志賡所談）。壽勉臣已歸香港，登報罵政府查案未明白，遂通緝（此節佩箴云）。

下午余又蓀來，俞時中亦來，時中送來周世安所贈物。下午七時陳誠、張厲生宴中改、評議各組會主任及委員、立監小組組長及臺灣改造委員，陳誠作軍事外交報告，謂武器長槍以六四改，七二機關槍亦改造後合用，今日各同志皆經改造，亦必有用。余聽畢一、二同

志發表意見即走，至向采寓，約星六下午往北投洗浴。
余乘車冒雨而回。余今日初上絲棉衣。

12月1日　陰雨

中信局長何墨林、尹仲容交接，余兩賀之。

攜傘至立法院，通過院長童冠賢、副院長劉健羣辭職照准，毫無異議。休息後，全院審查四十年度豫算，謂預算政策求達成建設臺灣、反攻大陸，本院自應同意歲入：經常五億三四九九、臨時六億一〇三四、特別一億四四〇〇，共為十三億元；歲出：經常七億八、臨時三億六、特別一億四。經立法院審議而增之歲入二五一六萬，減歲出六十八萬，國防支出占百分之八十四。審查意見之重要者，在台灣所行之特別預算制度原屬權宜措施，且已屆滿四十年度，應照財政收支系統法辦理，使收解分明。至台灣銀行墊付軍費，往來帳款亦應由財政部按期清理，餘又指出防諜及敵後策反工作經費太少、失學青年之收容，及行政院美援運用委員會及中國農村復興委員會華籍人員待遇過高，與普通公教人員相距懸殊，應予限制三事，大體妥適。余出院後，曾往廣州街約鄭明，明晚同往黃仲翔家飯。歸寓，同寓中同人午飯，余出五十元供紅燒豬手及砂鍋魚頭，邵家堃為煮成，余再加浦夫人攜贈之白蘭地，秦啟文云吃得痛快。酒後獲頤甥自南京來書（十一月十六日），云孟家仍住山西路，頤星期日必去。頤體照舊，現在談不到吃好的。書後小朋友王大赤附書，云「大好公：我在南大附小二下級讀書，我現在長得很高，我在學校裡聽先生的話，在家裡聽媽媽的話。你好嗎？我也想你。」余念小孩營養不殼，淒然淚下。北大同學童光焌來領中監會節餘分撥。港報載中央監察委員胡文燦十一月三十日

上午十一時在其九龍太子道 299 號，正欲整衣出門，忽
然中風致卒。前日又傳李綺菴病卒，去年廣州相會之人
不再逢矣。港報又載「礎潤知雨，楚情知國」，述共匪
以湖南為實驗省土改利害，而湖南人聽臺灣播音極殷
切，聽到黨歌不期然起立，相對淚盈眶。六時至向采
寓，秀武感寒不適，不能食物。余飯後食果子乃返。樓
上安紙窗齊全，床上加襯，用味經夫人所裝新被。睡前
修南京穎、綴、頤、赤書，殊念念漱芬之在瀋陽，各報
云美軍將轟炸東北，嗟我同胞，何不幸而將遭此厄。

12 月 2 日　雨

　　晨立法院有資格審查會，審查梁朝威（補寒操）、
許大川、張廷鏞（補伯敏）、林可璣，馬俊德（補沐
波）有資格否，並監印選舉票，余未往。得陸孟益書，
乘盛京輪，明日可到，嫌淞舟家離市較遠，思住寧園。
余已寄居，不能再引人來住。孟益云范祖淹贈羊毛衫色
料、樣式均佳，伊舊曆年返滬，有事儘可托他。十一時
半張蓋往鄭州路車站，遇李向采、秀、岳、衡，仍自台
北車站入，相會於天橋下。搭汽油車，余多購車票三
張，向采往退，每張損失四角。抵新北投天雨，自新民
路上，傷兵院所修泥路車輪輾成溝，溝外益滑濘，秀武
苦之。至招待所，老蔡已購菜，而余所寫便條誤寫星期
六為星期日，以故飯菜皆未做就，但招待所已布置一
新，余常臥之室已安一新廣墊之床，外室圓矮桌可席地
坐十人，鄰室布置兩會議處，有小桌可移動。一時半始
飯，先盡小瓶白蘭地，每人幾兩三 CC，以沙丁魚及花

生為下酒。老蔡治紅燒肉、豆瓣白菜肉絲、千張絲及冬
菰絲湯，蓬萊白米晶瑩軟糯，惜開飯時采、秀方入浴，
秀浴時水止半池，秀浴欠暢而飯菜已冷，惟浴後秀及
余、余及衡輪替休於新床，均感快適。三時一刻自汽車
路下，雇野雞歸。車到中山堂，秀等往觀電影，余出席
立法委員直屬黨部第一次黨員大會。鄧公玄開場，推劉
文島為主席，總裁坐主席台旁，兩行列椅左坐于、鈕、
章嘉，右坐居、鄒、張默君。文島高喊服從頭腦數聲
後，直立左排之外，另有一小組常務長報告黨務。次為
總裁訓詞，致喟於立法院成立已逾兩年有半，而黨員大
會今日乃為首次，大陸淪陷，政府播遷，其中因立法委
員無組織而不支持黨為失敗之一因，觀乎今日美國人聞
麥帥兵敗，全國上下無論何派皆赤心支持，此其所以為
民主國之先進，真實不虛。若在我國，則在徐蚌會戰之
後，本黨同志推波助瀾、落井下石者何可勝數。立法院
長問題亦為一因素，今童、劉辭職，選舉在即，前次諸
同志請余提名，今經中改暨諸前輩決定提劉健羣為院
長，黃國書為副院長。詞畢自由發言，陳紫楓上台而余
返寧廬，淪茗一壺。鄭明來，示以去年日記，黃仲翔招
飲為十二月一日，六時同車往，張梓銘來同飲大麴酒一
瓶。仲翔嫂治菜過多，以臊子鯽魚及蔥菠菜炒豬肝為
美，為余特設者清湯燴雞血及蒲蒲豆腐，梓銘甚樂。鄭
明能飲，席半有陸軍大學施君來請仲翔明日吃飯，亦飲
數盃，瓶之得罄，施君與有力也。飯罷梓銘略譚豐穀
事，余同明至麗水街與桂伯來譚，儉德夫婦適外出。坐
車回寓，瀝檸檬飲之，每一隻瀝三盃酸始合度，前晨共

秦啟文兩人一隻嫌濃。今晚啟文到高雄，為秦君作伐，以一盃請盛鑌，亦飲盡。十一時閱港報始睡。九龍廣華醫院女護士宿舍行奠基典禮，此為東華三院所經營，東華總院肇於 1870，再過二十年將滿百年。廣華醫院之建於九龍在 1911 年，今可容病人五百名，宿舍計畫可容納護士及女工役 116 名，余頗注意於香港政府之能繼續不斷的建設，發揚光大，使港民見事業崇偉，樂於捐輸，使人人知大公無私之有益於社會。余雖有此心此力，而遭時不利，所有基金如獎學、保赤、養正悉化為烏有，良足慨歎。又香港政府之管理卷宗亦費心力，每一典禮主管官說來頭頭是道。

12 月 3 日　微雨，下午晴朗

晨將陸孟益乘盛京號今日可到基隆消息，走到黃筱堂，筱堂已去辦公。入交通銀行，與一自新竹來之職業學校教員談，知台灣職業學校以化工機械班為多，高、初中均有，初中職業班畢業者可升普通高中。既而與田、周略譚，時玻璃窗外露晴光。余歸寧園，過菜市而烏雲飄雨，上樓竟有簷溜，遂放棄走街之念。與李達三譚詩。十一時送米、油、鹽到錦姪處，留飯。余過涼州路，購包菜及菜花，文耀購熟香腸同煮，味佳。飯後臥。韓同來，為選舉事致劉健羣意。錢自誠、戴恩沚來譚，工科學生吾邑尚嫌不敿，宜如何造就。錢、戴辭歸已三時許，本擬往松山參加溧陽小組同鄉會並參觀省立救濟院，怕陸孟益或來，未往。四時電龐松舟寓，知孟益已到，乃至金華街 134 號得晤。孟益與淞舟均

六十三，孟益較黑瘦。此次在港七十日，在滬晤余姊，謂不甚老。共產黨問伊識字否。曰不識。曰何作。曰有子在京滬路任工程師。又囑咐余，云莫問鄉間學校事，學校亦擾攘不堪。又問孟益，我將與我兄弟今生不再見面乎。孟益答曰明年當歸。曰如此我再活下去，不然死矣。次譚畫三訟事，孟益為撰辯訴狀層次極清，斐玉謂五千元其實六千，斐玉指自流井返重慶後畫給五百元，為此款還他的一部分，孟益證明非是。法官見離婚證書，又見斐玉混賴，曾勸斐玉幾一小時，斐玉庭哭洶淚，但伊私生活極亂，不可救藥（伊所姘蔡惠臣已故，傅仍千離婚，再常去武紹清裕華銀行經理，又有姓蔣、姓童）。孟益勸畫三萬不可再往，余以書勸誡，孟益以為極是。至畫三診務近較清，惟小菜仍可吃。至建菴則厄於東南大學畢業之某農科生，極不痛快。崑山朱福元在上海，衛序初曾被繫。蔡用之繳米三千石，以為共黨可舍，而卒遭槍斃（十一月十八日）。崑青團剿丁匪錫山，用之出力極多，少年英俊，竟然慘死，惜哉、惜哉。五時在龐宅飲白馬半瓶，有鮑魚豆腐、黃魚等菜下酒，松舟諸子女均秀。六時長子架車送余吉弗，余先至四條通，繼至漢中街 125 號，劉健羣、黃國書皆在此，蓋向舊立法委員先打招呼。請帖列名者九，白瑜、成蓬一、陳紫楓、柳克述、鄧公玄、竇子進六人到，彭醇士、倪文亞、湯如炎未到。此為酒食運動之第一幕，劉、黃一敬酒即他適，余今生以此為戒，余曾勸杜光勛勿為副院長候選人，光勛亦不堪事此也。席散，攜范祖淹所贈駝毛衫（價一百港紙），孟曾為講之大衣及頭繩

衫歸。半夜念世亂親離，余身仍不知死所，不能成寐。
閱漢書東方朔傳，詼諧而極忠款，史記萬石君傳一門孝
謹，謹為孝之常態，先君最守此道，余宜加勉。

12月4日　晴

孔凡均引凌君來貸款添寒衣，余無以應。凌續武
來，稱仍送其弟凌銘上開行日本之海津船，余嘉之。出
燕謀家書，知去年滄江吟社曾有二次清集，消寒亦有
集，燕謀五、七言均有進步，字面比余為熟。又告錢叔
恆夫人膨脹致卒，叔恆仍執教南廂小學。鄭味經來，同
往中本領息，遇趙大世兄，允味經可存四千，月息七分
五，味經僅存金一條，將坐食山空也。到中山堂，吳國
楨紀念周報告，方散，余與戴科長坐君佩車送居先生訪
錢穆，布雷一型人也。到中央黨部，入側門，吳開先在
中山堂尋余未得，贈余龍井茶、朱古力糖及餅乾。上樓
還財務委員一千五百元，乃乘車歸。周亞陶所駕車經將
倒閉之車行修壞，濡滯不前，余乃自中華書局前下車歸
寓。略臥，祝兼生來商處分事，幾令答辯香港中正中學
校長□□□同志，僑務委員會云該校畢業證書用公曆，
實則香港通行公曆，而其人且為忠實同志。樓佩蘭適
來，深知其人，余為辯正。佩蘭講孫科於國府幾副主席
矣，不當再競選副總統，於地位不加高，在經濟、人事
毫無準備，挫跌乃意中事。落選之後不當立法院長，亦
頗空靈，既立法院長矣，不接受組織，行政院亦不，至
感困難，乃十二月廿日大拜，一月廿一日即辭。吳鐵城
於勸駕時云雖小書記亦願當，立法院南京洶湧，主立法

院無不信任權，可置不理。科自云，擔當一月為總統所
豫約，目的在使總統所派之封疆大員於此一月內皆得到
任，如堅守一月之約，與總統共進退，亦不為無據，乃
李代總統一不之許，便再做幾時。足見哲生為人忠厚，
不以個人得失切切計算，今在港云無所事、無關係，何
必來台，足見有關係、有所事，孫必來也。佩蘭已將此
節報告總統。余評孫云有世界眼光，而不能處理當前之
事，由於先後本末、大小輕重分不清楚。佩蘭則云於人
之善惡似亦不能明辯，此人可以上柱國而不使親政，乃
保全之道也。樓去武保岑來，婦有肺病而食客甚多，亦
不能支也。同出，走至中山堂而別，余到立法院會計室
取回名章。至黃振玉樓小坐。至遠東酒家應鄧小改公玄
之招，三桌到二桌，黃國書來招呼，實亦運動餐也。席
散，天大雨，貴池劉啟瑞同學以車送余回寧園，謂本屆
立委太通常，做了有損院格，將為行憲之壞榜樣，蓋指
劉、黃提選而言。

　　沈淇來謂第七組對樹華結束辦法一概不許，小氣可
掬，余不欲爭之矣，遇祇講權力不講情理之人，又復何
說耶。

12月5日　陰晴間作，夜雨

　　立法院上午選院長，劉健羣以三百六十四票當選，
不選劉者亦一百一十四人。下午選副院長，黃國書得
三百三十票，劉、黃上下午皆立門前與委員握手。余為
江蘇省資格審查委員，上下午同劉啟瑞監票甌，可坐在
椅上輪班休息，且投票完便了事，此為選舉監察職務之

最易當者。中午在太平館集立法委員之北大人攝影，食湘菜，杜光勛於院長選舉得十五票，眾賀之。余、光埥、許孝炎、傅岩皆演說，張金鑑說河南戲，張翰書說渭水河及碰碑滑稽戲詞，延國符說外國人學中國話，皆極樂。四時回寓休息，甚舒適。夜往鄭明家食麵，今日林婿生日並為訂婚兩年紀念，朱歐生夫婦回。麵後打四圈，余該夏先生二十元。

12 月 6 日　晴

昨午陸孟益來，帶來炳弟十一月十三及二十日書，今日作覆，計二紙四面。又作覆穎、綴、頤、赤南京書，亦四面，寄香港民生公司顧福田轉往。又託晴初為余打毛線衫褲，岳、薾以英尺為量尺寸，云衫長二尺五寸（領在內），胸圍三尺四寸五，臂長一尺九寸，褲圍三尺〇五分，褲長二尺三寸五。晨往味經家取回小帽，食炒麵，過稀飯。歸寓，彭醇士來，取去送孫哲生壽簽名卷。飯後錦帆姪來，取去炳弟來信。周春星攜女來吃糖看雞，在痰罐小便，女已十六個月，會叫媽、要蕉、要糖，而不肯說小便。李德元來，出示自清潔檢查員升額外專員任命公文，謂張太太請吃飯，余謝之。五時為余又蒜答辯台大竊案，專謁王淮深評事，年七十四，老態龍鍾矣。出，走浦城街到居夫人處飯，飲酒三盃後至雲和街七號尋王豐穀未得，乃入師範學院聽錢穆講文化學大意。九時劉真院長送錢及余回寓。

12月7日　晴

　　晨青浦邱紹先來訪，閱余日記，同伊入榮元號見何尚時、洪亦淵等，尚時約星期日早餐及午餐。出，一望台北橋，成詩一首。

喜邱紹先過寓樓導伊游台北橋

晴冬轉煥似春晴，靜對明窗百感並，

先教汝心安坦蕩，任憑吾說亂縱橫；

九峰風鶴支前淚，淡水雲龍見後情，

莫撫敲瘢陰日痛，聊於人類試艱貞。

　　午至中華書局總管理處飯，何子星備酒，約下星三再往飯。下午三時到植物園晤孫德中、余又蓀，為北大同學會將舉行選舉先為提名，余因中改討論本黨政治決策實施程序及從政黨員組織管理綱要，未及提名即赴中央黨部。余發言：（一）中改應有決策機構；（二）大處落墨，刪去當然如此之條文；（三）執行不力，當先由執行之人報告經過，加以審查，如確有過失，方予處分；（四）時宜顧到行憲體系，並組織較有回合之友黨。散會，胡健中來譚，予邀伊看中央日報帳目。夜，劉、黃在武昌街十八號宴客十桌，余到向秀寓送一蛋糕，有年終彩票一張，飲茶後走回寧寓。

　　張毓中來送三十六年十一月廿六日余游廬山五老峰記略，寫於管理局長紀念冊上者。【編註：見《狄膺日記（1947-1949）》，頁37-38。】記曾以翌日作黃龍寺水路游覽天橋，至明太祖與陳友諒戰處下山，張夫婦在

大林寺請食素齋。

　　錄晝三十月十一日及二十日信中消息：

（一）施家大表姊有小病，自上海寄藥往，至二十日來
　　　信病已愈。

（二）朱景之患胃潰瘍，由晝三醫治，親筆附書。

（三）聞亦有到弟寓長譚，現任會計師職生活不毀，
　　　由其弟亦齊津貼。

（四）豐嫂貧血發熱，無錢購藥，於余所寄款中撥二
　　　十萬。

（五）楊漱霞師年七十尚教書，其子寶璜肺病已愈。

（六）金萬鎤聲稱為晝三香港買藥，騙去 730 萬，一去
　　　無息，井蓮曾往崑山坐索。

（七）十一月十九日，炳滬寓請吳鍊才、楊榮坤、何國
　　　雄、朱樹人、陸增福、唐忍庵、陳詩衡、李贊華
　　　吃中飯，十二樣菜。

（八）龔敏齋在高崗子槍斃，學校停課一日，苦主申訴
　　　讀判決書即聞槍聲。

（九）錢寅階判罪半年。

（十）許姻伯母在滬帶出聖侶，起初怕見父親，後漸活
　　　潑，面容漸肥大，昨夜（十九）因多吃遺尿，
　　　屙遍沾被褥，寓中因聖侶到增加熱鬧。

12 月 8 日　雨

　　晨啜粥兩碗，月來常供鍋巴或生米粥，吃得舒服，
有時要腹痛，今晨行經農林公司時腹曾微痛。立院列
會通過四十年度預算。十時至小南門陸軍醫院後樓 115

室 12 床探鄧鴻業（建侯），疾為糖鳥黃疸，經三番四復檢查，殊苦。昨日有一女經插喉入胃致死。與余同往者，傅岩代表立法院，北大同學會樓桐蓀、倪文亞、彭醇士。歸院，同京士尋新生南路兩段丁字九號吳忠信（理卿）寓不獲，歸寧廬以電話往，知理卿在台中，二十日左右方來台北。京士為覓台中房尋吳，余屢蒙理卿先生約，今日始往致敬，前次訪在廣州東山鐵路賓館。午至錦姪處飯，余約錦姪到鄭家吃湯糰，姪婿文耀持不可，謂已長大成人不便跟吃，實則不願錦他出。錦所住空氣不佳，房東煎油炸檜，耗氣甚重，余主出外散散。錦時有小咳嗽，日久未愈。飯後歸，自今日起秦啟文分余木櫃鑰匙一，余被一包及箱一隻置櫃內，分鑰以便自由啟閉。余日前為鼠嚙壞紅絲夾綢被面無法修理，近又為鼠咬壞夾綢袍之領，方肇岳為補好。鼠為台北一患，想日治時代必有捕鼠常經。下午黎子通來，余託伊送去柳藩國三百元分撥節餘。徐向行來，正往訪丹山。王豐穀來，語以樹華事，伊出沈階升信，知南維嶽等有外騖。劉和生來取馬曉峯臥床，送來李君佩信，十一日海員黨部交接，十時在基隆舉行，新舊負責人皆與余稔，囑余前往監交，並派馮葆共同志隨行。下午雨甚，淪開先所贈龍井飲之，並吃蘿卜絲餅，為寓中請客所餘，香英、豐穀均嘗一枚，味殊佳也。夜遣丁往錦姪處取菜在寧園飯，劉、黃酬票宴分於今日午晚舉行，天雨淋漓，不及昨夜舒適矣。昨晚之宴，女委員方冀達表示能飲。

　　徐道鄰在經濟時報革新周年刊發表「公論與輿論」

一文，摘錄其要點：公平地批評是非曲直的為公論，但也許祇是少數人的意見，大多數人甚而至於通國之論為輿論，但並不能保證真正的是非。公論之所以為公，因為是超然的，也是因為是深知的。輿論雖也是超然的，但有時不能代表公論，因為輿論不能深知。不但如此，公論以評斷是非為主，須要運用充分的理智，輿論是代表群眾的意識，往往為情感所控制。理智須要冷靜，情感偏於衝動，冷靜方能作邃密的思考，以求得是非之本，而情感衝動時，自然理智不清，易失是非之當。故輿論云者，不是對一件事求得深知後的細密評量，而是一件事的表面現象所引起的直覺反應。天真的輿論已經能顛倒黑白，埋沒了多少人的苦心，犧牲了多少無罪的人，至有作用有計畫之造成輿論，距真是真非，自然愈遠。

其論深知不易則云，一個人的歷史、環境、動機、隱情是何等的複雜微妙，豈是一般人所易知，又加上人事上許多糾紛，人與人相互間的猜疑顧忌，不但不易使事實坦露真象，反加上許多煙幕和偽裝。古人所以謂蓋棺論定者，即因人死之後，顧忌減少，容易坦白。又因時間過去較久，事實的經過逐漸加多，皆易使論斷趨於公平。故凡特立獨行之士，見人之所未及見，為人之所不能為，犯人之所不敢犯，不計成敗，不擇利害，不顧毀譽，在疑難危慮之中，不喪失他的勇氣，不動搖他的決心，直前邁進，行其所是。所以能如此者，全靠著胸中一點信心，所信的是將來終有一天，是非自有

公論。

12月9日　晴寒

　　晨到立法院財政、法制兩會討論中央銀行法，余主設監查委員兼及發行監督與業務檢查，以增加業務檢查，甚而及於各行莊，以宏效能。眾以為習慣不如此，余不再提，結果仍於監事會之外設發行監□委員會。主張兩不設者為劉全忠，最反對設監事會者謝澄宇。十一時歸寧樓，沈崇宛來商梅必敬受訓一年加為二年，交通部以公文云有外匯兩筆須梅清理，請求保釋亦不見允，如何處置案。余勸慰之，並云須防把鑰匙不對，開僵了鎖。引沈到文耀處飯，飯後沈送余歸寧樓。劉文川來，託秦啟文介紹鐵路醫院為之檢查受孕情況。余託文川整理香港購來毛線衫，又託談龍濱抄周佩箴送來商起予、戴季陶大連革命事信札及計畫，當時認為不妥之人為杜羲及曾傑，不知此二人之家傳作何種記載。談、劉去後，陸孟益、邱紹先、金□□來，同往黃小堂家，小堂不在，知伊媳患肺病。同上紅玉飲茶食鍋麵，清座甚暢，遇邵翼如之女。出，游龍山寺，陸、金歸金華街，余與紹先到鄭味經家試食湯糰。出，與鄭別，余至濟南路二段馬超俊家，沈夫人自煮菜，頗有派頭，遇谷正倫、正鼎、葉秀峰、洪蘭友夫婦及□□□。席散，余搭洪車至建國北路錢家，與廖南才、王世勛夫婦及藕兮打麻將十二圈。十二時，三輪車回寓，寒威頗熾。

12 月 10 日　晴

晨六時一刻起，叫無人，瓶無水，請任德曾兄開門。趨至鄭州路車站，邱紹先君掛照相匣已在，時尚餘一刻鐘。候久之，柵門不開，而汽油車已靠月台，迨排隊出柵急行，而汽油車已開動，呼停不理。此蓋柵門開得過遲，又不叫乘汽油車者先行，余等排在肩挑手提有物往乘慢車者之後，所以趕不及。余等亦乘慢車，七時二十分始開行，路中交車費時極多。車票祇八角，而汽油車二元四角，每人吃虧一元六角，如退票則吃虧四角，為一元二角，兩人二元四角，同車及查票反以為失車曲在我們總是遲到也。到老北投下，在公館路十八號何尚時家粥，上翁仲路入新民路招待所浴，浴後往蘆花深處攝影。自傷兵醫院下，至何家飯，有鹹肉及醬豆，飯殊乾硬。飯後參觀明古屋雞雛。出，在市上遇劉院長健羣夫婦車搭乘，邱君自長安路下，余自北門下。劉謂星期消遣，你真有辦法。余笑謂二十年立法委員，不希望有一實苦名高之事，宜其寫意。歸寓，劉象山、戴恩沚來，引之往郵務工會內參加崑曲同期。好時好日，而第一節為販馬記之哭監、寫狀、三拉團圓，自李保童出場尚需半點鐘，極為沒趣，幸後節為劉新生（女）望鄉、徐穗蘭之辭朝。余聽完卸甲封王即至鄭家，與恩沚同吃蒸糰。出，乘七路車，遇錢石年丈，同伊至建國北路寓，背楊師白歲除圖跋云「人畫歲朝，我畫歲除，退一步想，萬事有餘」。七時錢太太自北投洗浴歸，云下午頗人雜，既而同飯粥，譚錢桑圭出走事，甚歎無法善後。飯後歸，得炳弟接豐哥嫂來家小住後信，信上未寫

日子。

（一）錫弟婦以一百七十萬買一縫紉機，款自姊 200 萬中
借用，姊秋徵要 200 萬，余給伊之款如數兩訖。

（二）救人款中已付唐海平十萬、狄叔雲十萬、陸星北
十萬、王錦裳十萬、豐哥嫂二十萬、潮表嫂五
萬、蘭姊五萬、兩姑母五萬，除海平外皆由桐表
弟帶回。

（三）舜侶活潑可愛，井蓮雖有意出寄炳，已捨不得。

（四）翰林將善選毒打後，送給王秀橋鐵店內。

（五）王清之導淮，半年來背負鋪蓋，遇廟即宿，日行
數十里，吃些糟糠，毫無怨言，真人傑也。

12月11日　晴

晨赴中央黨部，航業、海員、公路、鐵路、直屬黨
部改造委員三十三人宣誓就職，余晤俞飛鵬、譚嶽泉、
莫衡、施福昌（施崇明人）等。出，到中本取息，晤趙
耀東，方接紐約昨晨五時急電，謂棣華經開刀後又發現
胃潰瘍多處，情勢險惡，陳惠夫亦來問訊，相對不樂。
余離中本後到一心堂購蛋糕二長條，分給白上之及中監
同人每人兩片。回錦姪處飯，飯後略臥。馮葆共來候余
往基隆，楊清植亦來候余，車上並有祝毓、林潤澤。同
游基隆公園，望太平洋及港口山徑皆以台灣名勝名之，
如阿里山、關仔嶺、日月潭等路。下山，在水上飯店晤
全體航業海員、改造委員俞先生等。三時召集各附屬機
關作介紹，俞與楊、馮入海員黨部交接，馬超俊派吳書
記冊代表，俞派楊君接收，在移交冊一蓋印。馬前云墊

一萬七千餘圓，云自設法每月所領六千元補助費，云不必報帳。帳簿無之，工作交代亦無之，其他均備，比馬上任時為佳矣。事畢，參觀國際舞聽，舞池嫌小。上樓晤少屏夫人，鄭皓受寒，方臥病，余等即歸台北。得陳玉科信，九龍及送到港紙分撥，余始釋慮。耀甥來，留條匯款可暫觀望。工商日報載一港紙可換人民幣七千。

12月12日　晴

晨起較遲，鄭味經率林婿來，問秦啟文所願介紹之會計事。同味經回寓食豆沙糭、蒸糰子，糰皆有一塊生粉，啜粥兩碗，以煎曹白魚下之極鮮。味經言點心以湯糰、蒸糰為難洗，蒸墊亦費工也。出，到立法院，尚未開會，尋凌英貞，欲還伊四百元，不獲晤。閱報知趙棣華以十一日上午十時病逝紐約，惜哉、惜哉。棣華以八月初赴馬尼拉提回美金存款，又赴法參加國際貨幣會議，抵巴黎膽疾復發、音帶失音，疑自瘤症，診斷結果膽汁外溢。第一次動手術五小時，發見肝臟上有雞卵大之瘤，未定瘤性有毒與否，未即割去，祇將肝藏上已破細管接於十二指腸，使膽汁自大便而出。第二次開刀經過七小時，水分損失太多，致發高熱。第三次開刀經二小時，發現胃潰瘍多處，失血太多，卒告不治，昨日下午已有噩電。余即到長世兄趙耀東家安慰郎嫂，同棣華姊至臨沂街七十一巷十六號觀家屬成服，耀東夫婦暨棣華兄及姊哭極哀，余與張百成兄行禮乃歸。歸途到百成家小坐，到黃仲翔家取回王羲之法帖，乃歸原湛處飯。棣華與余同在中央黨部，允子畏在所得捐部分工作，同

舉辦消費合作社，成績不佳。棣華為財政廳長，監理江
蘇農民銀行，余兄弟存入賓初獎學金先後四千元，蒙給
優利。嗣後辦樹華公司，伊為董事長，余為常駐監察
人，氣度寬厚，宅心仁慈，計算精密，對黨公忠。八月
將出國之前，宴余及立吳、子弦、靜芝在臨沂街寓中，
並演其手攝電影，頗為歡暢，不意客死異邦，慘割如此
也。郎醒石兄五十一歲，壽缺四年而送終，較棣華為
佳，兩人皆不永天年，極為可惜。江一平云我輩應格外
珍攝，此言得之。余輓棣華聯云：

本仁厚以事公忠，自然攸往咸宜，
為黨一生，此行不返；
自憂傷而攖疾痛，不如死之為愈，
哭君雙淚，魂兮歸來。

下午徐向行來，商請求覆審稿。黎子通夫人攜子來
貸款，假以二百元。三時至院會，某案略修正文字，得
通過。四時半走南昌路出席正中編輯會，商明年正中廿
周如何出叢書紀念及定期刊物之加添。羅剛、葉青皆攻
詰陶希聖、高蔭祖，張梓銘又說中改沒收正中添印三民
主義之非及令書局繳款在書局需款之候，均欲余於紀律
會有所主張。飯畢到泰順街六十巷蓬萊新村劉健羣寓，
立法院同仁二十餘人飯後討論任期延長問題，張金鑑主
十二月廿五前勿談，江一平、杜光塤主勿有所表示，余
主立法委員應有人提出期滿，引行政院說出不能辦理選
舉緣由，而由總統咨請立法院議決用臨時條款，煩大法

官及國大代表由總統下令皆有不善。最後仲肇湘謂最好有一民意機關新者未產生，舊者繼續有效之普通規定，總統根據此法以延展立法委員任期至選舉完成時止，事較輕而易久，但恐行政院不願有此普通規定耳。

接十一月廿九日綴英書，寄來寧馨放大照片，昂首敞衣，綴稱其精神抖擻。

（一）公望最麻煩：

　　（甲）工作忙，每日八小時，星期日亦工作。

　　（乙）沒有主意。

　　（丙）歡喜疑心，別人家快活了他還不滿，吳小姐對於婚事不成亦無所謂。

（二）穎姊決不到南京了，阿五說媽媽只想弄到錢，是錢板心。

（三）璜校現時不要再捐錢，上學期反被學生罵，以後回來再辦。

（四）用費已觳過年，明年一月至四月，母女兩子四人至少要四百萬。

又得十一月廿七日靈巖姪女信：

（一）認考試為繙習功課，測驗自己在這一階段中懂得多少。

（二）家中有一架縫紉機，是借大伯伯的錢買的，你真是處處為別人著想，解決困難。

（三）上海寓中隙地種子菜及蠶豆。

（四）趙積延、蔣毓麟（老郝先生）、桂生（圓臉工人）均和父親在一起。

（五）於仲青現已改過。

（六）翰林哥很不好，現還未調查清楚錢化費到何處去
　　　了，現在豐媽媽和翰林嫂很和睦，都知道翰林
　　　不對。

12月13日　晴

　　晨未赴立法院中央銀行法審查會。邱紹先來淪茗譚
話，前次伊述上海事可笑者：（一）戲劇演白毛女、李
闖王；（二）范玉山以諧音在廣播書場作科譚被拘，曰
洋貨店、餅乾店、銀匠店、鹹魚店，最後則為豆腐花
擔喊「完」字（玉山范雪君之父）；（三）共產黨指地
主收租緩和、體惜佃人，謂比嚴徵之戶更為可惡，以其
模糊階級觀念，處置之法則為激起其讎恨心理，使之鬥
爭，農民有不願者，卒亦鬥爭，蓋身不由主也。

　　十時赴植物園曝日散步，紹先頗注意大王椰子樹。
余等行過林業試驗所之職員住宅，以月橘為綠籬，象牙
紅搖曳籬上，雄雞、雌雞穿籬下，下女洗濯臨藻濱，濱
中紅蓮尚有盛開者，覺極恬適。紹先因譚伊等振興青
浦，原有自徐家匯加寬上青路鋪柏油路面植樹，使時間
自五十分鐘縮為三十分，引上海著名中學移至青城，給
以種種便利。闌東門外為住宅區，請滬人往營別業，飾
公園，增圖書館，築九峰間之聯絡馬路，盛飾茶山。此
次毀陷，計畫悉成泡影。又譚王述菴之子孫現為米店夥
計，王祠有述菴塑像。又云上次同余在陳坊橋吃白切雞
者為劉笠夫，豪爽有致。十一時半回大正町購一心堂蛋
糕兩匣。入中華書局飯，陳君招呼下女治鴨、大蔥豆
腐、金針油泡均佳。飯後略食橘，乃攜蛋糕往賀錢石年

丈□□歲生日，先同丈、女媳打馬將四圈，余負五元。次同夏、王、探斗及楠才夫婦打二十圈，余勝。一時同秦啟文歸，遇守兵查身分證及行車執照。及抵寧園，人睡電鈴壞，叩門久，任惠曾君始開門。余雖略浴後上床，屢聽雞啼不能入寐，方知賭博太多之不衛生也，然探斗興殊無盡時，亦不能過違其意。今日其女桑圭出走已返，大家歡樂。夜晚菜以牛肉片、油淋黃瓜、番茄蒸蛋、脆皮鴨、紅燒肘子為佳，階級魚與清湯雞平常。廖世勤、□□□夫婦均到，羽霄未來。

12 月 14 日　晨晴，下午雨，入夜有簷溜

晨方閱報而黃保昌來，言久為上尉，不但不遷升，且被編為副班，所經不計入資歷，余擬為之吹噓。其妻張美□孕體發現初期肺病，余介紹俞時中為之檢查。適時中因行政院議決給靜江先生喪費及卹金銀元一萬五千餘元，問如何兌美金匯美，余即於電話中託為黃、張檢查。啜粥後思再睡無效，閱盛朗西書院制度。十一時半至榮元發明年正月開始舉行蘇松太同鄉每月聯誼茶會，張、洪等皆贊成。回錦姪處飯，飯後脫兔毛衫。回寓即上樓臥，得兩小愨。沈淇來商樹華結束報告何人具名，余主應推一代理董事長，且送棣華遺族一萬元，請沈商第七組後辦理。金伢千來商海員黨部亦有紀律常委之聘，囑余商俞飛鵬。北大同學徐械，原為台糖新營糖廠助理工程師，因年在五十五歲，於八月一日起率先奉命退休。台灣人依是例退者數人，而徐君祇靠養雞四十頭及退休金為活，舊同事月貼伊百元，生活不穀。余允為

之言於楊繼曾、雷寶華。路平甫上樓來譚香港政府限制
外幣入境，車船飛機檢查旅客，近始摸袋，袋以港幣計
息祇一厘餘，最高至一分餘，既無日拆又無貼現制，往
來皆用現支票及現鈔以穩定物價。路去劉孟劬來，請往
伊新住處，余允以暇日往。余作覆靈巖、志蓬、躋強、
學裘及綴英、畫三書，託范祖淹轉去。夜雨，余請邵家
塋添焦蔥炒蛋，在寓便飯。

　　今午至榮元，聞延平北路與南京西路交叉口同祥生
綢布店門口有修理電氣工人蘇套觸電身死，頭蓋炸開，
腰間下半部已燒腐，屍懸電桿，鮮血淋地，死狀極慘，
余未敢往看。

12月15日　陰雨

　　立法院會，上午組織法規整理會通過，下午討論各
委員會，先推加倍人數，然後以抽籤得中者為召集委
員，人數少三十餘人，未及表決。中央黨部舉行張溥泉
三周年紀念會，余往參加。吳延環於中央日報出紀念刊
兩版，張懷九先生輓云「暢所欲言有如昨日，自我不見
於今三年」，會場到者北方人及監察院中人為多。下午
徐向行來，徐去夢梅來，開開門木刺傷大拇指出血。夜
到向采寓，添大蔥蝦米豆腐吃飯，飯後向采夫婦往觀永
樂京劇，余步行回寓。枕上閱中國書院制度竟。

12月16日　朝晴，十時之後雨

　　晨周亞陶車來，余往立法女委員單人宿舍還凌英貞
四百元，扣門，凌睡衣開門，余未便入室，以鈔票自門

縫還之。至中央黨部候王介民、林成根、李自強，同往大安廣播公司，馬曉峯適不在，余等入儲藏室，整箱掃地，祝兼生亦來同車歸。余檢得 CARLTON J. H. HAYES 歐洲近代政治文化史二冊，心澄之所有物也。回寓，天雨，又不願赴立法院中央銀行法小組會。張百成來商為趙棣華徵事略材料，金仞千來送俞飛鵬住址。回錦姪處飯，飯後覆振奎、炳文兩弟，翰林、靈巖兩侄書。回錦姪處夜膳前曾入榮元，張伯雍往苗栗吃拜拜，余與洪亦淵商新年茶會事。飯後到廣州街與味經夫婦譚，知鄭天樸以三十七年八月患肺病，卒於新塘市，死時瘦至洛形，遺與二女已成立。

顧福田十二日書：晴初十一月由弟護送返申，長兒欣之已六歲半，二年級，長女二歲，已能走路，尚未有小名。昂人先生攜一子在南京平初處閒住閱書，黎尚曙在高橋中學教書，二姐攜二女在長沙修業中學教書，極清苦，三姐復初在長沙門藥房，尚維持得下。

震弟十二月二日信：十一月廿九到太，下午四時至筠碧處，伊方以縫紉機做車站上所用之紅綠旗。三十日住在錫弟家，三日回璜，吳鳳洲（來滬買搖麵機未果）同回。在滬買帽襪等三十餘萬元，字林布鞋、面布等十餘萬元，炳弟處所存祇三十三萬元，要余寄款並向耀婿索一百萬元。王姻伯母仍健於大姊，在錫弟家幫做鞋子。原淞、原涪、嘉嵋、安嫻、小繡、舜侶均好，紫蘅口利，其父說不應他，新民主義熟讀。十一月間震曾發寒熱兩次，肚臍眼痛二日，身體覺比前瘦弱。

炳弟十二月六日書：李志鵬月入百萬，奉養八十五

歲老母（李黃湘荃），月空三百萬，無力助兄喪。陳詩衡、吳洪元、吳紀木皆無力助志伊喪，只有浩歎而已。章鑫昌娶陳氏，瘦而多姿，備酒八桌，炳、井、錫均往晤。瞿志遠已六十，堅囑候余。金萬錕欠 720 萬，至今無消息。翰林不肯坦白，其婆娘始終未斷，豐哥仍與其媳齟齬，生活不肯節省，保賢一人實難將家庭弄好。上次吳孟芙一信收到否。

又接翰林十一月十五日書。

12月17日　晴

晨赴北京大學校五十二周年校慶，在徐州路台灣大學法科（原為台灣高商），禮堂懸校徽，「高商」篆文二字尚存。會客室巨幅油畫二，一為香港上岸景色，一為南洋土人在森林中，初以為無意義，傅孟真來，謂係鼓動南進政策，為之咋舌。王新舟、余又蓀、孫德中、高鵬到得最早，繼續到者一百七十餘人。十時半蔣夢麟先生主席講一點鐘，謂北京大學負建國使命，為學術中心，蔡先生兼容並包之精神、諸同學與時俱新之勇氣，歷遭拳匪、張作霖、日本人之侵害，終能恢復。此次遭中共之厄，亦必不久光復，希望同人努力於建國各種工作。次錢賓四（穆）演講，分北大歷史為四時期：蔡先生前及蔡先生主校、聯合大學與復校。次傅孟真，謂蔡先生革新北大，蔣孟麟佐之，蔡先生辦事能力不及孟麟，胡先生繼長北大，余為前站工作，胡先生之辦事能力或不我若。蔣孟麟批評謂傅孟真一半天才一半神經病，中有一線為界，如一旦踰越界線，甚而至於完全神

經病。眾人大笑。次羅家倫，主為胡適之生日去電祝
壽，並為段書詒逝世二周年作紀念。次選舉，次聚餐，
共十四桌，每人收十元，每桌九十元，余所墊之五百元
得收回。散會後，余至建國北路在王世勛家打八圈，即
赴麗水街飲顧陸夫人生日酒，攜西瓜四分一至王家打二
圈後即返。余已負矣，錢探斗夫人為贏回，得十元。

12 月 18 日　晴

　　俞鴻鈞紀念周報告財務委員會之過去及現況，眾群
知籌款不易，頗為動容。白健生送余中山堂，余約伊得
便跟伊往桃園出獵。立法院紀律及資格審查聯席會議，
束雲章為中紡兼職及付借等被審計部指出，余主查詢，
眾主信任不查詢。再有劉全忠、吳雲鵬被議兼職案，各
有所聲明，亦必不查，余則行矣。回錦姪處飯，飯後
以昨賭未暢，再往王家打十六圈，嬉圍大負。十一時即
返寓，門未下鍵，十三夜曾遭盤詰且叩門甚久，余有戒
心矣。

12 月 19 日　晴

　　張壽賢、王子弦來，約赴臨沂街趙宅弔喪。晤耀東
夫婦，知本月三十日將假極樂殯儀館開弔。出，入立法
院，正將表決各委員會召集委員，選舉乎、抽籤乎，爭
執甚力。余以開會期祇有十二日，主張延至下次開會
表決，得附議三十九票。眾爭表決甚力，呼主席宣告必
須表決，余原可再持異議，而表決已為主選舉者多數，
至如何選舉由法制委員會定之，大概選舉必在下一會期

矣。余即歸錦姪處飯，飯後購蛋糕，同岳、衡至士林園藝試驗場觀洋紅，即所謂聖誕花也，滿庭皆是，鮮豔奪目。又入新蘭亭見台灣細瓣蘭，頗有細香。又擬上山，電唐祕書不來引導，乃往芝山巖一游。路旁有福林里三百號，癬錢滿地，茶花盈枝，楓葉微紅，石磴清潔，余等略坐。往尋陳昆懷不得。七時徐漢豪、周蜀雲、孫石生、趙光宸、張道藩、蔣碧微、但□□夫婦及來，作賞蘭吟紅之會，陳、劉二君款以土製一席。席散，食葡萄柚。乘道藩車同岳、衡到新北投尋夏心客，乃上招待所宿，余共浴兩次。半夜余成輓段書詒聯：

凡五月四日所揭，外爭國權，內除國賊，
今更屬當務之急；
為刻苦耐勞而生，勉作人範，圖利人群，
君確能如願以償。

12月20日　晴

　　晨起未久，向采偕秀武來入浴。余同岳、衡出，步山徑，觀蘆花，採紅葉，盥溫泉，看鬥雞。入寶藏寺，下石級尋新生報郊游宿舍，而上招待所，向、秀浴尚未畢。食粥品、葡萄柚，余再浴，乃下公園雇車至士林觀聖誕花，入新蘭亭得花一盆乃回，已上午十一時。入中華書局，與杜毅伯、何子星商孰為刻苦耐勞之人，擬同具名以輓書詒，庶幾無愧故人，終以易艮甫、谷錫五為最，雖不在台北，氣誼可相通也。飯後歸寓，鄭克宣、董轍來譚。回錦姪處飯乃歸，知張百成來商為棣華成

主事。

前日得奐甥十二月四日書，謂：

（一）廣州中華刀翦場，衣箱兩隻，火車天天有，一時不易覓得便人。

（二）大人來信勸舅母回鄉，以及不能再以吳世芳小姐重蹈顧振素覆轍的話說得很對，甥已加圈寄去。舅母想在南京住過年，舅母每月預算四十萬元已經夠用。

（三）前年甥屢勸母親如有存款宜提出，不宜再以實物寄存各處，母親不信，損失不少。一年來所見所聞，雖已看穿不少，但對於銀錢使用貪小利失大財，相信外人不信子女親友，依然如故也。母親辛勤節儉一生，祇知重小利，不善利用，一有了錢反而用足心思，自己不知享福反而便宜別人，現在無所可用，請大人不要寄來，反教人家眼紅。

（四）棉中畢業生大都已有出路，楊坤林之弟派到鄭州貿易局，其餘都分派得狠遠，但各生都毅然肯往。校舍都已落成，因利用存料多造了房屋，致超出豫算二百餘萬，現已如數捐到。十一月底桐舅來滬購理化儀器一批，裝了兩大網籃回去。

（五）桐舅薪得約合三擔多米，每月如期發放。

（六）內弟王錫濤因經商不是正路，亦進了棉中，得到人民乙種助學金，每月計得米六十多斤，已夠食用。

又得綴英十二月一日信：

（一）請於陽曆年底前寄款到南京大行宮人民銀行許
　　　鍾權。

（二）傅志章已入安徽之大別山工作，消息不通，陵園
　　　已易人主持，城門外之田已還給各人民家，其
　　　夫人在金陵神學院任鋼琴副。

12月21日　陰雨

　　晨秦啟文得費驊通知，任德曾將新生報送余臥樓，
知傅斯年（孟真）學兄以昨晚十二時二十二分腦溢血猝
逝於台灣省參議會。余即趕至極樂殯儀館，孟真已小
殮，臥紗罩中，面容經化裝，較平時為開展。陳辭修語
我孟真以下午二時列席省參議會，答覆郭國器詢問報告
台大種種，郭並未刺激他，孟真亦未生氣，但桌上無茶
盃，聲音越說越低。六時十分報告畢，慢步歸座，手足
冰冷，即說我不行了、不行了，經抽血急救無效。張岳
軍語我北京投降、徐蚌會戰之後，孟真鑒於軍人步步退
讓，即云此次反共鬥爭文人死者恐將比武人多些，今傅
君竟死於台灣，政論、學術、教育界皆失瞻依，其影響
於國家前途非細。辭修又謂台大之清除共產分子，孟真
認為必要，且要求勿流血，故去年三、四月間軍警慎重
為清除工作，余與□□□皆兩日在台大，其難比疆場為
甚。有台大之清除，然後台灣得安定，即此一端有裨國
家匪細也。余行禮，其胞弟孟博答禮，其夫人俞大綵坐
靈堂泣不成聲，雷儆寰夫人扶之。余於蔣孟麟、朱家
驊、于右任來弔，皆為照料。男女學生來鞠躬者不絕，

女學生三鞠躬連甩，不知以慢動作表悲哀也。十一時余至岳衡處略坐，食軟糖。歸寓，午至錦姪處飯，飯後臥。三時入台大參加治喪會，定明晨十時大殮火葬，三十一日公祭，喪費六千元，以節儉風社會。張道藩、羅志希發言各四次，余笑其不殫煩。余與何敬之鄰坐，敬之不知余年長於孟真。余讀北京大學之第二年住西齋丙字四號，與周烈亞、顧頡剛及孟真同室，周為天台山華頂寺方丈，已圓寂，今日再失孟真，祇賸余與頡剛矣，心殊悲痛。搭張曉峯車至廣播電台，曉峯云余偷工減料說之可珍。入台，徐鍾佩出版「我在台北」，其重光文藝社招待作家，余亦往略坐。坐中張厲生講一大套，任卓宣講大道理，雷震亦講自由中國，皆非沙龍做派也。余吃蛋糕兩塊半，又與孫多慈一譚即出。到農民銀行與翁子鏞、查石村、趙葆全、仲肇湘譚，即赴建國北路與郁佩芳譚天，晤其兩姑母，其君姑作山芋酥，余食其一。入夏家打牌八圈，余勝。即雇三輪車回，天雨兼寒。張百成、王豐穀來尋余，未見。王介民來商卷面用紙。鄭味經來商鄭澈已往麵粉廠幫裝機器，以六個月為期。

12 月 22 日　雨

　　晨沈淇來，謂中改第七組允送趙棣華五千元，又擬出售房與中央信託局，開價十萬。余前日聞中國農民銀行香港分行之答覆查石村前往接收，云農民銀行董事會已停止行使職權，何能授權，主張張樹華宜派一代理董事長，請沈君再往說。及九時至立法院簽名，即到殯

儀館參加傅孟真大殮，芮逸夫、董作賓皆哭，其餘哭者甚多。入棺後，余視孟真顏色已變僵黃，而其夫人猶吻其嘴，余亦流涕。搭林彬車再往立法院，則已散會。回寓，持鐵路局所得硬紙送中央黨部王介民，並託介民為姚容軒婚送金字，預戒明年一月三日同人壽，余勿多費。十二時至洪長興食堂與副經理賈克勤譚，亦北大同學，云該店改組三次，皆屬投資者與主廚合作，上兩次投資者欺主廚文盲，股東間不愉快而解散，現制一切公開批評，不許有一人宕賬，飯食一律批評準碻，絕不徇私，價錢公道，生意日盛，亦僅過得去而已。時孔達生、楊管北、魯蕩平諸幫客均至，座無隙位，余與教育廳祕書馬肇選譚段書詒及中央政校事。十二時四十分朱騮先、羅志希、劉瑞恆、周象賢均至，余等五人在一小室吃涮羊肉，余並往楊冠北座吃燒鴨，味均平常。二時返，四時出席紀律委員會第三次會議，何敬之、吳鐵城未到，六時散會。謝冠生語余立法委員任期展長已議定，余提候補委員是否再補，云未商及。余以改動立法委員不論何故，一會期不出席者喪失資格商林佛性，佛性不以為然。歸寓，攜VO與任德曾往楊胖兄弟家飯，得晤乾縣李女士及程、戴兩君，食炸餛飩及四生火鍋，頗暢。謝誠美下女燒魚頭腥，大眼圓肢，快嘴活潑，頗為好玩。九時歸，邱紹先及吳亮言來譚。

12月23日　雨霽，欲晴未穩

晨鄭味經引鄭澈來，請求作保，澈已得束雲章介紹為□□麵粉廠協助裝置機器。余同味經出購幛料，各店

皆未開門，歸途入交通銀行訪陳惠夫，亦未晤。昨狄順
康得邑祥劉占一之助，楊管北為介紹裕中公司船上為
助理報務員。余歸寓後整理日記誤字，十一時到國貨公
司購料。回錦姪處飯，今日購鹹肉，每觔十六元，尚有
微臭，台北天氣熱，無法醃臘也。飯後臥，邱紹先來奕
棋，余寫輓段書詒及趙棣華二聯。夜飯在寧園，加炒
蛋。飯後同秦啟文到和平東路陳伯龍家打八圈，借衣而
回。伯龍夫人方為票友花衫盧智作繡鞋，繃子長方正方
可活動，絲線不可得，以洋線代。陳夫人兩手不停，真
賢助也。余歸浴，枕上開荊公文集，思逝者不能成寐，
輓傅孟真聯云：

我與子志同而趣異趨，多讀君書，少共君語。
近時轉變若觚圜（破觚而為圜，佛士改），
極度溫恭，君忽死。
才與氣互王而實相成，不但能破，又且能立。
邪說狺猖塞天下，誰來闢距，我深懷。

12 月 24 日　晴

　　晨寒，挾昨所書輓聯兩付走黃振玉家，振玉因商職
校慶已往濟南路校中，未晤。到中央黨部交段書詒一
聯。走臨沂街，在張百成家食大饅頭即出。到趙家略
坐，見錢三永銘輓趙聯，頗有情致。百成送余東門市
場，余往尋黃仲翔，伊昨夜在朱綸家打牌，晨七時方
歸。臥起晤余，同往尋王子弦。購物，回黃寓酒，黃嫂
治菜甚美。一時攜半瓶酒至王家，同錢、佩及二姑、嬉

圍打十二圈，嬉圍又負。伊等本擬於下午到新北投浴，
余勸以夜間往較清淨。飯後余回寓，同任悳曾往中山堂
青年舞踊，得觀鐵幕、保衛台灣、反攻大陸三幕，未滿
半點鐘即歸。王豐穀來，未晤。狄獻羣自台南來書，將
以四十年元旦在鹽水鎮岸內糖廠中山堂與許玉緞結婚。

12月25日　晴

　　紀念周，羅志希講國際大勢，謂韓戰美軍死傷至少
五、六萬，全國震動，現已不能終止，設去年不發表白
皮書而出力助我，則大陸不至淪陷，美亦不吃此苦。今
美軍器富足，惟苦兵少，西歐雖任艾森豪威爾為統帥，
英無能力，法無志氣，兵祇三十萬，一旦真打，俄人可
席捲西歐，僅餘一西班牙。三次大戰可謂繼二次大戰而
作，小勐斗始終未停，熱烈血戰將在一年中。蘇俄海空
在聯軍包圍中，電力及鋼鐵生產未得西歐之前，與美國
占全世界二分之一相差懸殊，若任其席捲西歐，則成對
抗狀態。最近英相聘美、胡佛宣言皆不再忽略台灣力量
與國之要件，一為敵人之愚蠢，二為自身之努力。今敵
人之愚蠢殼了，全看我努力如何耳。講畢已十時一刻，
余由曾虛白車送歸。為施振華作書證明，令於元日來台
北。得綴英十二月十一日書，附來公、寧十二月二日
書。寧馨之離清華大學為三十八年二月六日，即在文教
部工作，經常接觸的是小學校長及成人夜校的教員，伊
並未在小學工作。今年照 X 光，肺尖有小疤，體重仍
到 110 斤，今為 100 斤。公望攝影已有相當進步，各國
照相機均懂得一些，更勿論對光機矣。繪圖的心得已溶

入攝影技術之中，寫作經常有機會得練習，已懂得文字的分寸，怎樣用的當字句表現自己意思，既不誇張也不隱晦，好的文字是樸實的，巧言令色鮮矣仁。綴英信告寧兒來信較親切，吳小姐可為義女。楊林不能回去，去年一年、今年九個月中打壞臥室大窗三次，拍桌大罵不知凡幾，且去好幾次正式報告，幸有愛在人間，如有用幾百萬元帶回去周濟餓的窮的，你慷慨了他又妒忌。老太太自己也明白綴不在家反而安靜些，故決計不歸。二泉賣樹因各方反對並未賣成，黎太太囑謝照顧其子，阿五仍是一間房安之若素。余得信後憂喜參半。中午歸錦姓處飯，飯後在榮元晤張伯雍。伯雍前日赴苗栗公館鎮參與鎮區拜拜，謂某家以六百七十四斤之豬參與牲畜比賽，目的全在比賽而不是吃肉賣錢。豬初飼以豆餅等食物，迨逾三百斤，則飼以米飯菜蔬及水果。比至宰豬，以肥肉熬油送人，瘦肉亦送人，可以知其富有，幾百觔豬肉不在乎也。拜拜時每家所費以一千元計，鎮上及鄉下凡五百餘家，費五十萬。其人多為客家，有一家盛科舉，習楷法者甚多。張君住兩晚三日，謂余如同往，亦必感快適。歸寓臥，三時赴許昌街青年會教堂參與姚容軒婚禮，晤賈煜如、李蔭翹、劉象山等，牧師證盟唱詩三次，費時頗多。款客以茶點，鹹酥合頗新鮮。禮成，余坐陳惠夫車至王郁佩芳家，與王三姑、廖楠才夫婦、錢、王同鬥麻將，余小負。十一時方回，秦啟文下樓為守門。余閱王荊公書札，得熟睡。

12月26日　陰雨

　　晨赴立法院簽到，與宿縣夏馥堂論書法，伊習隸，張遷、夏承等碑，今好習王羲之書，頗為妍麗。余勸其注意沉著，惟沉著遂字形拙呆，可與人作比。余為此言，亦以自箴。九時入中央黨部為段書詒逝世兩年作紀念，段女及幼子帶眼鏡者在旁答謝，屢勸余勿過勞動，余因之落淚。羅志希在報上發表一記念書詒之文字，徵求人家意見，以期史實無誤，遇不大理會者便不悅，與朱騮先且有爭論。江西省前主席方天、胡家鳳皆來拜。十一時余返，陳泮藻、何子星、戴軼羣仍留招呼來賓。余於錦姪處食開洋胡蔥麵、火腿蒸干貝、紅燒肉及青蝦。下午誤以為李志伊今日開弔，往善導寺尋無影悰，其實開弔在明日。夜，寓中備六菜，秦啟文、王啟光、李芳華、王藜青、邵家墪、任德曾、楊錫康皆賀，食青菜麵，方祖亮夫婦來同食麵。麵後余至錢家打牌，留宿錢家。下午五時鈕長耀夫婦來約飯，同上紅玉麵，晤金壇段士賢之叔段景祿，紅玉現歸伊開設，生意殊淡。

12月27日　晴　陰曆十一月十九日　余生辰

　　黎明醒，即念父母掬育之苦，披衣起，辭錢石年丈，走建國北路至新生北路橋上而大明。過向秀家門，未啟，留片。走回西寧北路，得絕句四首，同方祖亮、許建元及一歲小孩郡光入三六九湯包及麵，一魚一肉一燉雞，三人食之不盡。入中央黨部，紀律委員會工作檢討，李君佩先生命余主席。李先生說黨務三弊：一、推諉；二、爭權；三、牽掣，所以如此者：一、為面子；

二、為意氣。須事前圖補救，勿事後來追究，說甚正
確。諸同人態度似較緊張，檢討畢已上午十一時半。余
往紅玉尋孔、劉二君不得，捫麵則已準備，乃至劉象三
寓，約伊到仙華樓飯。孔達生於晨間返臺中，不知余今
日生辰。飯後與象三在北門別，云實踐學院之講演以吳
國楨為差，張其昀亦不為滿意。研究員有立法委員六
人，綏遠薛興儒、東北高語和、河南李宏基、山東龔聖
衡，又有王任遠、張向周，以薛為最隨便，余晤許以
仁、章鶴年俱如此說。下午臥，方肇岳、蔣元勳等來
譚，歐陽楨來補取一百元。四時赴交通銀行商趙棣華喪
儀，晤呂著青。出，同趙保全到農行略坐，即到中央黨
部，楊佛士、許靜芝、胡立吳、王啟江、黃仲翔、洪蘭
友、葉寔之、張壽賢治酒為余祝生日，譚雲光將來台及
雲光醉時狀，諸人大笑。蘭友贈威士忌一瓶，飲之立
盡。回寓，同徐家彩、方祖亮夫婦上北投浴，余留住招
待所，又得詩四首。

五十六歲生朝口號

隻身海外不能歸，書卷田廬知已非，
我起黎明無可望，向無燈處得光微。
一水清漪柿堰長，墓門錦樹泣全荒，
似聞二老輕相語，阿大今朝陟遠方。
父祖終於五十七，開年我亦及斯齡，
最慚家學從余墜，駁雜何能熟一經。
晨行五里及河干，出霧青山秀可餐，
我與諸昆今隔絕，江南互不恤飢寒。

窮人集飲覓真歡，酒入文心心更丹，
夢想洛陽周（柏年）葉（楚傖）盛，漫天風浪一台安。
才得易興俱逝悲，往而不返向天疑，
送人我在陽關外，誰為蒼生作總持。
不訓而行行憲難，治權民意軋無端，
大家失態須珍重，遺教精詳莫漫看。
備員立法廿年來，建國宏規助剪裁，
我為信行求易簡，不編講義不風雷。
藏富於民財用足，為公至樂莫言私，
顛沛更須持大體，但知聚斂不相宜。
黨紀在心似一繩，先求平直後能申，
幾番不肯隨人議，祇恐深文失苦辛。
苦無住處得泉町，綠樹交陰草覆庭，
最愛紙窗容我隱，攤書得味一鐙青。
圍棋賭果寓公歡，葵老（莫衡字葵卿）閒來下一盤，
辛苦欲將全局振，遭人打劫感多端。
耋年高臥憶楊林，花氣茶香亦不禁，
危亂誰將甘旨奉，此番感不絕余心。
一個木魚一卷經，又煩寡姊揩門庭，
百年文物由鴟毀，莫再惘惘惜膽瓶。
二子遠離艱一信，諷余歸去學淵明，
當年責子詩癡甚，今日規親亦過情。
黃想寒庭補種梅，讀書聲朗則花開，
花繁我更精詳讀，五十年中得幾回。
先人遺墨樂摩挲，散佚傳鈔亦已多，
濟美聯芳五百載，焚燒未必悉銷磨。

孤往搜詩老更能，懶飛媚寵惜寒蠅，
草山花發紅猶淺，不頌春王不待徵。
往事堪悲宿草深，一痕真戀鎖初心，
挑琴尋瑟餘何弄，哀唳驚鴻祇碎音。
開國以還事足論，從亡唯有罪可分，
算來不比青氈好，歸去情甘咬菜根。

12 月 28 日　晴

　　晨周亞陶率學徒架車上山迎余，命亞陶浴。候夏君未得，歸寓，方祖亮請余食鹹菜酵肉麵。入黨部參加中改工作檢討會，立法院繼續行使職權暫展一年。次陶希聖報告宣傳要點，次討論總動員，余乃歸。中午到味經家食曹白魚，其大人患神經痛。飯後歸臥，金仞千、凌龍生、楊寶儉、孫芹池及夫人均來訪。六時至勵志社歡迎董顯光任董事員，陶希聖恭維顯光為中國第一報人，余主說說可以，勿以此說見報。席散，搭黃國書車到武昌街十八號參加小組會，延期一年，余主表示贊同，廖維藩主作為普通報告案，勿有所論列。歸寓，送方祖亮夫婦返臺南即睡。

12 月 29 日　晴

　　晨立法院贊成總統咨立法委員暫繼續行使職權一年，自四十年五月七日算起，立院決議願早日收復大陸，民選議員，俾本屆委員得卸仔肩，頗為大方。但初列咨文於報告事項，又主席表示不許人發言，激起騷動，經休息後解決。午照相在烈日中，黃國書請在來喜

作舊雨新集，在吃大菜時又照相，余即歸寓。同徐向行三輪車往農安街訪孫仿魯，請其商郭寄嶠，戴郅交新證據能覆判否。向行在普通法庭已判決收受贓物罪，徒刑二月，緩刑二年，因此得見陳東新及戴郅供，律師云無可罪之道，仿魯允持商郭寄嶠。歸途在一新堂購蛋糕三，以一贈戴郅子女，二攜至錢探斗家。廖楠才夫婦贈沙罐魚頭及獅子頭，王世勛夫人贈鹹魚，適黃錢姊購橘與鳳梨，其女出購菜，姊助治菜。探斗夫人治魷魚肉炒蝦仁、蝦米炒白菜、紅燒肉、干貝蛋湯麵等，菜極多，遵余意不購雞。打牌余負三百元，石年丈吟詩一首，書紅紙為贈，夜索石年丈房。

12月30日　晴

晨同石年丈三六九，丈吃湯包，余吃雞麵，燉雞太久無味。柴鑄新來會鈔。回寓知錦姪昨晚來，耀甥因迪化街修路跌傷足，因回家一視。即到極樂殯儀館弔棣華，各方來者極多，可以知其關係之多也。鐵路黨部執行交改造主任委員，兩為莫衡，余去監交，略說幾句，攝影乃散。即至豐穀處飯，朱鍾祺在家頗清靜，以燉燻肉竹筍為佳。下午二時為棣華成主，余井塘題主，蘭友與我襄題。今日本要求余作紀念文字，余極忙且材料不觳，且有宜述而不宜發表者，故未下筆，留待日後再作。回寓，黎子通來幫余寫輓孟真聯。孫芹池夫婦來訪，周頌西、俞時中來訪。余購西瓜一，抱之至向秀岳衡處飯，有胡蔥豆腐、豆芽、豆莢、小鯽魚等菜，頗為家常待遇，余樂之。出，到中改參加四菜一湯夜膳，廖

寥十餘人，極冷落之致。余又說每月工作報告之無謂，及開會時不相干者呆守之可惜。餘人說電話不靈、紀念周之改造及黨歌及黨員守則之應改。蓋前時黨為訓成偉大人物作中心思想，今乃僅以改造為出發點，蔡先生、戴季陶之精神至是應搖落矣。會散，同陳雪屏到台大法科觀佈置追悼會場，來去皆坐三輪車。周亞陶駕車到，雪屏歸。汽油每月以六十加崙為限，每加崙十七元。夜早睡。

12 月 31 日　晴

晨起便暢。施振華表姪自崗山來，同伊隨葉實之夫婦及內弟及女三陽春麵。實之來送總裁年賞，其內弟云范說書二次被拘，乃因說農人所收稻為蛀蟲、毛蟲吃光。與實之別後往弔傅孟真。十時半北大同學會公祭，黃離明主祭，余讀伍叔儻所作四言祭文，文字甚美，余藏原稿一紙。將午，余同李濟、朱家華、陳雪屏等談論孟真一回，乃至韓同家飯，遇郭驥及田蘊蘭。飯時歸，忘馬褂。在西門町遇立吳，感寂寞無聊。余至慶家打牌六圈，即自安東街至和平東路三段，路荒野不平，無燈無人處，余有戒心。入楊寶儉家吃糟鵝、鹹肉、凍豆腐，以拌筍為最佳。歸寓，入鐵路局禮堂觀金榜樂，薛小姐飾王有道之妹，穿陳伯龍夫人所繡彩鞋，十二時散。浴後已一時，秦啟文向余賀歲，一年來照顧余極多，且為君而費錢不少，余無可償之也。記日記畢，雄雞半夜啼已過，遠處有犬吠聲。

雜錄

唐堯生，豐源區公所倉庫。

唐孟華，杭州南路信義路一段紹興南街廿一號陶熾先
　　　　生轉。

唐青來伯母，三月二日陰曆十二月十七日胃氣痛，上痰
　　　　致卒，年八十一歲。

溥桐（西園），八月七日在上海逝世。

朱蔡景明，少屏夫人。

袁守謙，中山南路十三號。

邵健工，瀋陽街三巷七號。

李仁，新店鎮七張路振山新村一號。

林汝燦（子峯），林森縣人，台北地方法院檢察官。

馮正忠，重慶南路一段 135 號亞東公司樓上。

王民寧，羅斯福路一段六十三巷三號，二五三九。競選
　　　　辦事處重慶南路一段 141，電話三四一四。

顧福田，香港干諾道中一四六號民生公司，晴初同在港。

戴楚良，基龍造船公司轉中國油輪公司永澄輪解體監工
　　　　處，來台住施元轍處，台航公司基隆經理。

姚大海，杭州南路一段 71 巷 72 號。

孫穎羹，中山北路二段撫順街 209 號。

丁鼎丞，潮州街 52 巷三號。

張青雲，竹東區長，焦易堂大殮日相晤，云民六在廣州
　　　　充衛士。

陳仲經，新生南路三段十六巷四號。

盧孰競，廈門街 82 巷一號。

周竣（養浩），女琗盎，子懷新（病肺），子英多。

俞新華，南京中央路傅厚岡三號，弼廷長子，夫人陳
　　　　蕙如。

頤甥，南京成賢街安樂里一號。

齊如山，中山北路二段十六巷九號。

張循伯，陸賓秋友，台北市新生南路一段 119 巷七號。

陸孟益，香港九龍施他佛道十六號姚志崇轉，九龍信
　　　　箱三二六七。

錢文炳，香港英皇道渣華道五十四號地下尤寅照轉，
　　　　香港六國飯店七二四號。

王璞，香港遮打道四號，思豪酒店 39 號。

許青蓮，上海高安路八八弄三號四樓尤寓。

胡世棟，長安西路市府對門 78 巷 8 號。

朱歐生，少屏四子。

甘永鉅，娶馬，愛國東路 74 巷 36 號。

李鴻球（韻清），重慶南路一段 99 號，3834，住中山
　　　　　　　北路三段德惠街 14 號。

張久香，臨沂街二十七巷九號。

阮徽音，劉象三，北京東城大羊毛胡同三十四號。

姚漁湘，台中雙十路育才街二號省立第一中學。

錫弟，上海江寧路 1383 弄五號。

陶希聖，新生南路一段 145 巷 24 號。

陳茹玄（逸凡），新生南路一段 173 巷三號張寓，興寧人。

范祖淹，香港匯豐銀行大廈一二九號通達行轉。

正中編審委員會，和平東路一段金山街三十九號二樓，
　　　　　　二八五〇。南昌路一段一二六巷六
　　　　　　號，二五八〇。

中央日報社，余代表 737 股。

陳中一，南海路五十八號國語實驗小學。

朱德羣（畫人），仁愛路三段空軍總部正義東村 180。

方肇衡，浙江大學三年級農化，轉史地。

方肇岳，中華大學文學院畢業。

張仲康、張寶良，父近仁、寶良在基隆。

舒尚仁，上海貿易行。

徐步青，高雄建國二路三八號，大興實業社。太白粉，
　　　　用玉蜀黍所做之漿紗粉。子慧麟，考取台大
　　　　化工。

鄔曼修，黃邑人，報考普通行政。

過鍾粹，同安街 101 巷一號。

郁少華先生，和平西路二段 70 巷 8 弄 5 號。

陳玉科，香港九龍大浦道 72-74 號香島大酒店。

黨證：狄膺原為特字一號，朱騮先為組織部長時，啟江
　　　　來商將一號讓給總裁，余改換二十一號，三十七
　　　　年二月換蘇修字二號，三十八年三月補發一紙。

趙光祀，香港菲林明道十一號四樓，趙光禛已病故。

李韻清，重慶南路世界書局。

胡博淵，P. Y. Hu, 528, W 123 St., New York 27, N.Y.,
　　　　U.S.A.。

歐陽楨，字挺巍。

王軼猛，交通部事務科科長，長沙街一段一號，七〇
　　　　三三。

朱文伯（作人），濟南路二段臨沂街 27 巷五號，電話
　　　　二三四六。

陳華洲，台北羅斯福路四段四〇巷三號。

錢學森，浙江人，趙宗堯，騶先說二人皆積學。

郎所，滬江大學教授。

郎瑛，趙耀東妻，生趙國棟、國梁。

郎茲，北京市新大路六號公安局商業局四科。

郎雲，燕京三年。

范祖淹，香港九龍彌敦道聯邦大廈。

李愍寶，東門町連雲街廿九巷一號，六五〇二，邵學錕。

鄭味經，廣州街一二三號，一二七弄。

徐芳，杭州南路一段 105 巷三十五號。

張百成，臨沂街六十四巷廿七號。

苗允青。

談龍濱、劉文川，杭州南路一段｜一巷八號傅寓。

狄生林，彰化信箱台 1008 付 6-2。

夏濟安、王璞，香港思豪酒店三十九號。

周佩箴，香港北角建華街十九號二樓。

狄瑞芝，中正東路十二號新兵招待所儲訓班，鳳山灣
　　　子頭儲訓班營房，鳳台字七一三八 – 二八號
　　　信箱。

金振新，太倉人，鳳山縣政府。

陸克，次雲子，台南旭町營房，前二〇四師青年軍，現八
　　　〇軍三〇四師。

姚世濂，叔來長子，震旦大學工程科畢業，赴巴黎研究
　　　建造公路，曾任安徽省公路局長，又任貴州省
　　　工路局長。

姚世潞，叔來次子，哈佛大學商科畢業。

姚世淑，紐約大學商科畢業，中國聯合國代表團辦事。

姚二小姐（世潤），叔來女，滬江大學兒童福利科，

　　　　　　美國蜜企根大學碩士，嫁杜蘅之

　　　　　　（在飛軍部服務）。

民國日記 103

狄膺日記（1950）下冊

The Diaries of Ti Ying（Diffoutine Yin），1950
- Section II

原　　著	狄　膺
主　　編	王文隆
總 編 輯	陳新林、呂芳上
執行編輯	李佳若
封面設計	溫心忻
排　　版	溫心忻
助理編輯	詹鈞誌

出　　版　　開源書局出版有限公司

香港金鐘夏慤道 18 號海富中心
1 座 26 樓 06 室
TEL：+852-35860995

民國歷史文化學社 有限公司

10646 台北市大安區羅斯福路三段
37 號 7 樓之 1
TEL：+886-2-2369-6912
FAX：+886-2-2369-6990

http://www.rchcs.com.tw

初版一刷	2023 年 11 月 30 日
定　　價	新台幣 420 元
	港　幣 115 元
	美　元　16 元
I S B N	978-626-7370-09-4
印　　刷	長達印刷有限公司

台北市西園路二段 50 巷 4 弄 21 號
TEL：+886-2-2304-0488

國家圖書館出版品預行編目 (CIP) 資料

狄　膺　日　記 (1950) = The diaries of Ti Ying
(Diffoutine Yin), 1950/ 狄膺原著；王文隆主編.
-- 初版 . -- 臺北市：民國歷史文化學社有限公司,
2023.11

　冊；　公分 . -- (民國日記；102-103)

ISBN　978-626-7370-08-7　(上冊：平裝). --
ISBN　978-626-7370-09-4　(下冊：平裝)

1.CST: 狄膺　2.CST: 立法委員　3.CST: 傳記

783.3886　　　　　　　　112014612